くまモンの成功法則

愛され、稼ぎ続ける秘密

チームくまモン

幻冬舎

くまモンの成功法則

──愛され、稼ぎ続ける秘密──

目次

第二章　「くまモン」を守る――著作権と商標権

第三章　欧州老舗ブランドとくまモン

第四章　国内企業等とくまモン

第五章 ビッグネームとくまモン

第六章　くまモン、ビッグステージに立つ

第七章　庁内に広がるくまモン

第八章　外交官くまモン

第九章　チャレンジし続けるくまモン

装幀　萩原弦一郎（256nigoro）
カバー写真（銀座熊本館）　宮井正樹
（くまモンスクエア内営業部長室）　成尾雅貴
組版　美創

プロローグ

二〇一六年四月十四日二十一時二十六分、マグニチュード6・5、最大震度七の地震が熊本市東に位置する益城町を、そしておよそ二十八時間後の四月十六日一時二十五分、今度はマグニチュード7・3、最大震度七の地震が益城町と西原村を襲いました。これだけ短時間に二度の最大震度七を記録したことは観測史上初めてです。

くまモンのツイッターが止まりました。

震度七の地震二回を含む震度六弱以上の地震が七回発生し、これらの地震に見舞われた県民は、熊本県人口の八三パーセントにも及びました。余震は発生から半月の間に一〇〇〇回を超え、これは阪神・淡路大震災の二三〇〇回、新潟県中越地震の六八〇回を大幅に上回るものです。

人的被害は、死者二六〇人、重軽傷者二七三二人。避難所及び避難者は、三三市町村で八五五カ所、一八万三八八二人（最大時。十一月十八日にすべての避難所は閉鎖）。住家被害は、全壊八六五六件、半壊三万四四五二件、一部損壊一五万三九八九件、合計一九万七〇九七件にもなりました（二〇一八年三月二十三日現在）。

国内外の多くの皆さんが、熊本を、熊本に住む人々を、そしてくまモンを、案じ、祈り、多くの救援物資を持って駆けつけてくださいました。

世の中には、時として「子どもの出る幕じゃない」という場面があります。震災直後の熊本では、家やビルが潰れ傾き、道路や橋が崩落し、多くの被災者が溢《あふ》れ、突然命を失った家族の前でなす術もなく佇《たたず》む県民の皆さんの姿がありました。

このときの熊本に、くまモンが出る幕はなかったのです。

しかし、震災直後、思わぬ形でくまモンがネットに姿を現します。

森田拳次先生がちばてつや先生に送ったファックス

ちばてつや先生の頑張れ絵

森川ジョージ先生のくまモン頑張れ絵

熊本地震を受け、ちばてつや先生や森田拳次先生といった漫画界の大御所がブログにくまモンのイラストを公開。それを見た森川ジョージ先生がくまモンを描いてツイッター上に投稿する「#くまモン頑張れ絵」運動を提案されたのです。

「何をしていいなわからない時にコレだ！と思った。漫画家の人、そうでない人、くまモン描いて励まそうよ」（森川ジョージ先生のツイート。原文のまま）

これに呼応して、多くの漫画家やイラストレーターをはじめ、趣旨に賛同された様々な方々がツイッター「#くまモン頑張れ絵」に素敵な漫画やイラストなどの投稿を始めてくださいました。国内だけでなく、中国やマレーシアなど海外からも多数投稿されています。

これは、単にくまモンを励ましてくださっているのではなく、熊本で被災された方々、熊本で救援作業に携わっている県内外の方々、そう、被災した熊本のすべてを励まそうという「心」の表れでした。

くまモンの生みの親、小山薫堂さんと水野学さんもまた動き出します。

小山さんが「FOR KUMAMOTO PROJECT」をネット上に立ち上げ、支援金の募金を呼びかけます。日赤や行政が窓口となっている義援金とは別の受け皿を作り、義援金では補えない分野について独自の活動を行っていこうとの考えです。

「人は支援するときに被災者の顔を思い浮かべます。くまモンがその一人として、支援する人と支援される人の心を繋《つな》ぐ橋渡し役的存在になることを期待します」との思いから、くまモンに白

くまモンの新しいイラスト「FOR KUMAMOTO PROJECT」

羽の矢が立ちます。

水野さんは、被災者支援、復興支援の旗印となる新しいくまモンのデザインを作ってくださいました。「大きな赤いハートを抱いたくまモン」です。

このデザインは、心ある方々の熊本への義援金や支援金の募金活動のために広く使われることになりました。

テレビを見れば、サッカー日本代表のハリルホジッチ監督（当時）が、ジャケットにいつもくまモンのピンバッジをつけているのが目に留まります。取材のために熊本入りしたメディアの方々の襟にもくまモンが。それは、「私はいつも熊本に寄り添っているよ」というメッセージとして被災した熊本県民を勇気づけてくれています。


「くまモンが熊本の象徴になった」

私たちは、そう思いました。

何を今さら、と思われるかもしれませんが、当時、海外におけるくまモン人気は「熊本県」の認知度を明らかに上回り、日本のキャラクターであることさえご存じない方々もおられるくらいだったのです。国内でさえも、熊本県の公式キャラクターとご存じのない方々がおられます。今回の熊本地震は、間違いなく不幸な出来事ではありましたが、被災地熊本にくまモンが存在したことが、どれだけ熊本の救いになったことか……。あのくまモンのふるさと熊本に、地震で大きな被害が出ている、と熊本地震に関心を寄せていただくきっかけになったことは間違いありません。

くまモンは熊本県のキャラクターです。県民の幸せを何より願い、共に喜びを分かち合い、悲しみのときは、そばに寄り添うことを忘れてはいません。

県外、国外からの声に励まされ、被災地からの要望に応える形で、くまモンは、五月五日こどもの日に、被害の大きかった西原村にある保育園を慰問するという形で活動を再開します。

くまモンを取り巻く子どもたちの歓声。

両手を合わせ拝むようなお年寄りの姿。

くまモンに会うことで、多くの方々が癒されています。

もちろん、くまモンもまた、心を込めて避難所の方々に対します。

今、熊本に、くまモンがいてくれて本当に良かった。

くまモンは、熊本にとって、なくてはならない存在なのです。

ここにあらためて、先の熊本地震で亡くなられた方々に心よりお悔やみを申し上げますと共に、被災された方々の一日も早い復興を願ってやみません。

＊＊＊

さて、本書は二〇一三年三月に幻冬舎新書として発売された『くまモンの秘密』の続編として、もっぱら同年四月以降に起きたくまモンにまつわる様々な出来事を、『くまモンの秘密』第一部同様、かなりの脚色を加えて取りまとめたものです。

ゆえに、話は、二〇一三年四月に遡《さかのぼ》ります。

二〇一三年度は、くまモンだけでなく、くまモンを支える「チームくまモン」の本丸、くまもとブランド推進課にとっても、大変な年でした。

その人気が全国区となる中で、くまモンの出動依頼が増え、担当職員はスケジュール調整に大わらわです。東京、大阪、福岡の各県事務所にも出動依頼が寄せられます。

また、二〇一二年の年間関連商品売上が、二九三億円と公表して以降、利用許諾申請の数は急増し、課の全職員を以《もっ》てしても事務処理が進まず、申請書は増える一方です。

課長を補佐する審議員は、他県の議会や商工会議所等からの視察に対応し、課長はと見れば

(と書きながら、本書はこの視点で書かれています)、取材や講演の依頼が殺到するのを一人で受ける有様です。そうです、同行、同席する余裕のある職員などいないのですから……。

加えて、初のヨーロッパ遠征に向け周到な調整を行いつつ、同時に、くまモン本人の要望が形となった、後に「くまモンスクエア」と名付けられる施設の開設に向けた準備も進めなければなりません。

しかも、職員の半数は異動で入れ替わっています。もちろん、増員はありません。

さて、ここは愚痴をこぼす場ではありません。

しかし、今、あらためて当時を振り返ると、よくもまあ、やってこられたものだと、自分たちを褒めてやりたい気分です。他方で、ここまでフル回転し疲弊してくると、多くの救いの手が差し伸べられるものなのだ、と知ることになります。

チームくまモンは、本当に内外の多くの方々に支えられて成長してきました。

さて、ここは過去を懐かしむ場でもありません。

本書は、この怒濤《どとう》の二〇一三年度の出来事を語ることから始めます。その中で、視察や講演の場では、どのようなお話をさせていただいたかについても、スタンダードなものを「テープ起こし」をして、お示しいたします。

その後は、お話の中のいくつかのエピソードについて、より詳しく書き記すことで、私たちが何を拠り所として、どう考えて、くまモンとの二人三脚を続けてきたか、続けているのかを知っていただければと思います。

それは、本としての構成上、「『くまモン』を守る——著作権と商標権」「欧州老舗ブランドとくまモン」「国内企業等とくまモン」「ビッグネームとくまモン」、などに分けてお伝えしますが、必ずしも明確に分けて語られるものではありません。

それはまた、「小山薫堂イズム」がどう職員に浸透していったかの記録でもありますので、それがわかる出来事や、エポックメイキングな出来事についても書き記しております。

いずれにせよ、本書は「くまモンの行動記録」ではないことは明白です。それを期待された方、ごめんなさい。

『くまモンの秘密』に描かれている「くまモンフェーズ2」がどのような展開を見せたのか、一五万人だったツイッターのフォロワーがどれだけ増えたのか、何より、くまモンと関わられた民間企業の皆さん、県民や国内外のファンの皆さんに背中を押されながら、担当職員をはじめとする様々な庁内の職員が、くまモンに魅せられ、くまモンと共に歩み、熊本の象徴と言わしめるまでに育っていった、奇跡とも思える様々なサプライズな出来事について、『くまモンの秘密』同様、笑いながらご覧いただければ幸いです。くまモン自身と、いつもくまモンの傍にいて支えてくれているくまモン隊のメンバー各々の活躍は言わずもがな、です。

なお、すべてのエピソードを盛り込めなかったのは文筆力と根性のなさであります。筆者が直接携わっていないことは、もちろん書くこともできません。しがない地方公務員に免じてご容赦ください。

第一章

転機

日本外国特派員協会でスピーチするくまモン（2014年2月14日）

くまモンが六つ子の兄弟ならば――増える出動依頼

二〇一三年四月。新年度に入り、くまモンだけではなく、くまモンを所管するくまもとブランド推進課もまた大きな変化を余儀なくされました。「ゆるキャラグランプリ２０１１」でグランプリに輝いて以降、くまモンの人気もうなぎ上りとなり、出動依頼は急増。

「去年来ていただき、大人気だったので、今年もぜひ！」

あるいは、

「昨年は来ていただけなかったので、今年こそぜひ！」

と、くまモンのスケジュールは早々にパンクしてしまいました。

県内はもちろんですが、県外からも多数出動依頼が寄せられます。海外も例外ではありません。ご依頼の四割程度はお断りをせざるをえない状況です（二〇一三年当時）。

くまモンの出動については、まずは公務を優先し（いちおう公務員ですから）、観光振興、産業振興などの視点から出動を決めていきます。ふるさと納税のお願いや県議会選挙への投票の呼びかけなど、次第に公務の幅も広がります。出動の際には、地域のバランスを考え、さらに、できるだけこれまで出かけていないような地域にも出動できるように、年度ごとの「くまモン出動マップ」を壁に掲げ参考にするなど、努力しています。

それでもなお、県内の方から、

「まだ、生くまモンに会ったことがない」

という声を聞くと悲しい気持ちになります。ぜひ、懲りずに出動依頼をお寄せいただきたいものです。そのときは、「まだ一度もこの地域には来てもらったことがない」と、お書き添えいただければ幸いです。善処いたします。……多分。

また、県外からのご依頼については、なんらかの形で熊本との繋がりを考えていただくことにしています。くまモンは「今や」自らを売るキャラクターではなく、熊本を売るキャラクターだからです。

海外からの依頼も目立つようになりました。現地の日本人会などからお誘いを受けるのですが、公務出張でない限りは、依頼元に派遣費用の負担をお願いしておりますので、具体的な実現に至る例は少ないのが実情です。特に海外の場合は移動を含め日数を取られますので、早めのスケジュール調整も必要となります。

このようなことから、スケジュール調整をするときはいつも、

「くまモンが、おそ松さんのように六つ子の兄弟ならば……」

と思うのですが、それは詮ないことです。

余談になりますが、くまモンは、二〇一四年七月十九日、秋田県を訪問し、全都道府県出動を

達成しました。誕生以来四年四カ月での達成です。これを記念して『くまモンの出張Fan Book』がマイナビから発売されていることをご案内しておきます。同年初夏にも発売を予定され、全部自前で取材されていたのですが（頭が下がります）、せっかくですので最後の秋田県訪問も掲載してほしいと、出版を待っていただき、同年八月の発行となりました。

なお、熊本地震でご支援をいただいた全国の皆様に対してお礼に伺うために、二〇一六年十月から開始した「くまもとから感謝をプロジェクト！」は、二〇一八年三月の島根県訪問を以て無事、全都道府県訪問が完了いたしました。温かくお迎えいただいた全国の皆様にあらためて感謝を申し上げます。

暑中見舞いの許諾が返ってきたのは秋だった？――急増した利用許諾申請

出動依頼の増加以上に大きな変化があったのは、くまモンのイラストの利用許諾申請です。二〇一三年度はピークに達しました。

同年二月に、二〇一二年（暦年）のくまモン関連商品売上が二九三億円以上になったとの調査報告を公表したのがきっかけとなり、県内はもとより、全国から利用許諾申請が殺到し始め、四月以降は三人の担当者だけでは捌《さば》ききれなくなりました。

来客、電話やメール、申請書の送付と、様々な形でくまモン商品への問い合わせが増えたのです。もちろん申請書の審査も必要です。

勤務時間中は、来客や電話での応対に追われ、送付されてきた申請書の封を切る暇もありません。専用電話が話中となれば、他の電話にも掛かってきます。来客者も順番待ちの状態です。メールは開く暇もありません。否応なく、担当以外の職員もその応対に追われ、許諾以外の課の業務は電話がなりやむ夕方五時以降に行わざるを得なくなりました。

お見えになる皆さんは、一様に、いかに私（たち）はくまモンに惚《ほ》れ込んでいるか、その出会いから現在に至る思い、その思いを形にするために検討したこと、ついては……と切々と語られます。お話を伺った上で、書類に目を通し、注意事項を示しながら修正点などについてやりとりが始まります。大手メーカーから個人まで。手作りの作品とはいえ、バザーで販売するとなると許諾が必要となります。やりとりが一時間を超えることはザラなのです。

それまではおよそ二週間もあれば手続きが終わり、許諾の書類をお送りできたのが、四月以降は日に日に書類が増え、狭い執務室の片隅には目に見えて書類の束が増えていきました。その数、毎月七〇〇件超。これでは三カ月かかっても許諾できるかわかりません。

「団扇《うちわ》の許諾が秋になっちゃうよ」

「暑中お見舞いの葉書は、来年にしか使えんぞぉ」

「暑中見舞が返ってきたのは秋だぁったぁ～って歌があるけど、許諾を秋に返していたら洒落《しゃれ》になりませんよ」

と、不謹慎ながらも冗談を言えるうちはまだ良かったのですが、そのうちいつまで経っても許諾の書類が送られてこないため、その問い合わせが重なり、いよいよ課内も殺伐とした雰囲気になっていきます。

八月には利用許諾専門の嘱託職員を三人から九人にまで増員し、一方で、今申請しても許諾までかなり時間がかかりそうだ、との情報がどこからともなく出回ったことから、申請件数そのものが多少落ち着いてきたこともあり、殺伐とした雰囲気も年末までには、少しずつではありますが改善されていきました。

ちなみに、二〇一三年度一年間に処理した利用許諾件数は、七〇四〇件、月平均にすれば約五八七件です。

しかし、申請件数の増減に左右されていては今後も他の業務に支障が出てしまいます。くまモンの新しいプロモーションも足踏みします。攻めてこそ！　のくまモンなのですから。なんとかしないと……。

時間外勤務が極端に多くなったことを受け、人事課が心配を始めます。人を増やして対応するか、外部委託とするか、いっそのこと、くまモンの管理運営を丸ごとキャラクタービジネスの専門企業に渡してしまうか……財政課や知事公室までが動き出します。当然知事も気にかけておられたことでしょう。

なにせ、頼るべき先例がないのです。国が「地方自治体におけるゆるキャラを活用した地域活性化策の基本方針と注意事項について」なんて出すわけがないですし、民間がロイヤリティフリーでキャラクタービジネスを展開するなんてありえないですから。

しかし、これこそが、業務に忙殺され疲れ果てている私たちの心の拠り所でもありました。

前例がないこと、国も地方も、海外でさえ、まだ誰も取り組んでいないことに携わっている、新たな道を切り開いていることへの誇り、書いてしまうとカッコ良すぎで面映いのですが、当時はそれを口に出しながら、目の前の書類を片付けるしかありませんでした。

他方で、庁内の様々なセクションを巻き込みながら、キャラクタービジネスを専門としている企業の方々にも相談しつつ、内部では侃々諤々《かんかんがくがく》の議論の末、次年度（二〇一四年度）から利用許諾業務を外部に委託することが決定しました（あっさり書いちゃいましたけど、ここに至るまでがまた結構なエネルギーを費やしたのですが、そこは諸事情によりカッツアイ〈割愛させていただきます〉「公務員なんで」）。

外部に委託するとなればマニュアルの更新も必要となります。疑問が出る度に委託先から当課に相談に来られては、委託の意味がなくなります。

申請件数の増加に比例し、手引きにない事柄について、これまではその場しのぎの判断、もとい、「共有して議論してスピーディーに判断」が求められる場面も多くなってきたのですが、委託するとなれば、それらについても明文化し、委託先において適切な判断ができるようにしておかねばなりません。いわゆるスタンプやネット上でのバーチャルな商品への使用など、私たちの想定を超える新たな事案が生じていたのです。今度は、マニュアルの改定に時間を費やすことになりました。

新年度（二〇一四年度）に入り、県庁正門の道向かいに、委託先の事業者により、くまモンのイラストの利用許諾事務所がオープンしました。

委託先では、このマニュアルに沿って許諾業務が行われます。そこに裁量の余地はありません。たまにマニュアルに外れながらも「これっていいデザインしているのになぁ」と歯がゆい思いをしているのですが、これればかりは、ご理解を賜りたい次第です。

何よりも、くまモンをデザインされた水野学さんが、三〇〇〇パターンものくまモンのイラスト原案の中から選びぬいた一点が、今あるオリジナルのくまモンです。そこまでして生み出してくださったくまモンを、疎かに扱うわけにはいかないじゃありませんか。

……そうです、ここが最も強調したかった点です。

『女性セブン』から『プレジデント』まで――取材申し込みの増加

「ゆるキャラグランプリ２０１１」で優勝して以降、くまモンは全国規模でメディアに取り上げられるようになり、知名度も上がってきたのですが、二〇一二年度後半になると、くまモンの生みの親（もちろん、小山薫堂さんと水野学さん）が、次いで、くまモンの知名度をここまで高めた組織についてまでもが、マスコミの関心の及ぶところとなりました。さらには、どうしてくまモンは成功したのか、という分析企画まで。

利用許諾申請の増加への対策に追われる中、

「すべての取材に応じていたら大変ですよ」

という職員の声もありましたが、

「線引きはできんでしょう。熊本の認知度を上げる良いチャンスじゃないか。お金を出してでも掲載したいようなところばかりだし」

と、ほぼすべての取材を受け入れました。

ただ、唯一、二十代の男性を対象とする週刊誌からの依頼にはお応えすることができませんでした。先方からは「若い（二十代）男性職員にぜひ話を聞かせてもらいたい」とのことだったのですが、残念ながら該当する職員はいなかったのですよ。申し訳ないことをしました。存外に平均年齢が高かったんですよ、当時は。

一般的には、取材依頼があれば、企画意図や質問項目を事前に担当が確認し、想定問答等を作成し、当日に備えるという流れなのですが、利用許諾に伴う事務に忙殺されてそれどころではありません。ほとんど即興に近い対応に終始し、メモ取りの補助を置くこともできません。

もちろん、本来であれば、知事をはじめとする上司への事前報告が必須なのですが、ほとんどの場合、掲載誌を持参しての事後報告です。
幸い取り上げられるのは肯定的な内容ばかりでしたので、上司も大目に見てくれていたのは大変ありがたいことでした。

二〇一二年十月二十二日号の『日経ビジネス』では、「奇跡を起こすすごい組織100」の一つとして、熊本県くまもとブランド推進課が取り上げられ、「『迷ったらゴー』の県職員チーム」と小見出しが躍り、特集中表紙見開きで、くまモンと一緒に職員の写真まで紹介されました。

これを皮切りに、二〇一三年に入ると、

・『日経デザイン』五月号「稼ぐ！キャラクター活用術」
・『女性セブン』五月二日号「くまモン『損して得』がもたらしたもの」
・『ゲーテ』八月号「ゆるキャラに隠された、ゆるくない戦略」
・『Pen』九月一日号「熊本が生んだ人気者、『くまモン』の舞台裏」他
・『販促会議』十月号「『くまモン』起用プロモーションの効果」
・『月刊事業構想』十月号「『くまモン営業部長』の数値」
・『週刊ポスト』十月四日号「ゆるキャラビジネスの光と影『くまモン』一人勝ちの秘密は〝戦略ストーリー〟にあり」
・『プレジデント』十一月四日号「ナンバーワンゆるキャラを生んだ『もったいない主義』」

・『日経トレンディ』十月号「ヒットの軌跡くまモン」
・『ダイム』十一月号「小山薫堂Ｐｒｅｓｅｎｔｓくまモン企画塾」
・『アエラ』十二月十六日号「現代の肖像　熊本県営業部長くまモン」

と、このあたりにしておきますが、トレンド情報誌をはじめ硬軟様々な雑誌が取材に訪れ、記事にしてくださいました。

中でも『販促会議』十月号では、二四ページもの特集を組み、知事や小山薫堂さんへのインタビューの他、「くまモン起用タイアップ商品・キャンペーンの効果」として、くまモン全二五企画の売り上げや効果を徹底検証したり、「データから見る『くまモン』のキャラクターパワー」として二大キャラクターとも言っても良い「ハローキティ」と「ミッキーマウス」との比較で、認知度、好感度、商品欲求度の調査を行い、「『キティ』『ミッキー』を上回る項目も」との調査結果を公表してくださったりと、私たちが振り返り、効果測定ができていない中、客観的な検証を行っていただいたのが大変ありがたかったです。

二〇一三年は新聞もまた、

・『熊本日日新聞』三月十八日付「射程　くまモン人気と経済

くまモンが取り上げられた国内雑誌の一部

海外の雑誌でも取り上げられた（アジア、フランス、タイ各誌）

効果」
・『産経新聞』四月七日付「深読み　きょうのテーマ『くまモン現象』『ゆるくない』浸透戦略」
・『日本経済新聞』六月十六日付「今を読み解く『ゆるキャラ』ブームの背景　郷土愛と『癒し』効果」

翌二〇一四年は、

・『朝日新聞』三月二十九日付「between 読者とつくる　くまモン、ふなっしー どっちが好き?」
・『読売新聞』四月八日付「『チームくまモン』快走　ゆるキャラ王者の司令塔」

と、各紙で特集を組み分析を試みます。

『販促会議』に限らず、これだけの数の雑誌や新聞で様々な分析、評論が行われることで、少なくとも私たちの方向性が間違っていないと確認できたことは大きな収穫と言えます。

取材が取材を呼ぶことになり、この他にも、新聞各社やテレビ、ラジオ、ネットメディアに至るまで、取材のピークとなった二〇一三年度には、メモに残っているだけでも四二社に上りました。

二〇一四年度になると、北海道や北陸の地元新聞やテレビ局の取材が加わりました。新幹線の開業を控え、同じく新幹線の開業を機に誕生し活躍しているくまモンについて、関心が高まったからでしょう。

海外からの取材も増えていきます。

アメリカのクオリティーペーパー『The Wall Street Journal』が一面の囲み記事でくまモンを話題にしてくださったのは二〇一二年十二月二十六日のことですが、その後、二〇一三年六月には、中国中央テレビと『中国新周刊』が立て続けに取材に訪れ、明けて二〇一四年一月には、タイの雑誌『a day』、三月には、中国上海の『東方早報』、七月には、フランスの『ZOOM JAPON』、二〇一五年三月には、『中国上海商報』、十月には韓国の『慶南道民日報』等々、くまモンの人気が海外に広がるにつれ、取材もまた国際色豊かになっていきます。

『文藝春秋』から原稿依頼が！

雑誌などから原稿依頼があったのも二〇一三年です。

五月に都政新報社から依頼を受け、「くまモン秘話　チャンスの種は転がっている！」として『くまモンの秘密』のダイジェストのような原稿を書かせていただきました（掲載は、『都政新報』二〇一三年六月十八日）。

財務省から同省の広報誌『ファイナンス』の巻頭言に、と依頼を受けたときは、「何でまた、財務省が?」と思ったものです。

「『ファイナンス』は、予算・税制をはじめとする財務省の施策に関する解説記事・関連資料等を掲載する月刊の政策広報誌です」と財務省のホームページにもあるように、読者の皆様が、地方のゆるキャラの話を望まれているとは到底思えなかったのです。

遡ってみると、同年九月号では「急激な経済の変化と税制改革・東京大学教授　中里実」、八月号では「消費税、電子マネーと一円玉・東京大学大学院経済学研究科教授　伊藤隆敏」が巻頭言の表題と執筆者です。

とはいえ、関連商品売上二九三億円の効果でしょうか、財務省が「くまモンに関心を示している!」という驚きの方が先に立ち、稚拙な文ではありますが、「くまもとサプライズ!」と題して寄稿させていただきました。これには黒鉄ヒロシ氏のイラストが添えられて、二〇一三年十月号に掲載されました。まあ、内容よりも掲載されたこと、それ自体が「サプライズ!」です。

サプライズはさらに続きます。その後、『文藝春秋』(二〇一四年一月号)、さらに『NIKKEI ASIAN REVIEW』(July 3-9,2014)からも原稿依頼を受けます。こちらは、もちろん英文で。いえ、そこはしがない地方公務員。翻訳をしていただくしかありません。

しかし、ここまでサプライズが続くと、冷静さを取り戻して、なんて無理ですよね……。当時は常に微熱がある、そんな状態が続いていました。

以下、『ファイナンス』と『文藝春秋』への寄稿を転載いたします。

くまもとサプライズ！

この夏、仕事で数カ月ぶりに羽田空港に降り立ちました。京急の改札に向かう途中、いきなり目に飛び込んできたのがお食事処の店頭に鎮座しているくまモンのぬいぐるみ。東京に来ていきなりくまモンに出迎えられるとは……。

わずか3年前は黒い巨体と一部の子どもに恐れられていたくまモンが、現在、国内ではその認知度や好感度においてハローキティやミッキーマウスと肩を並べるまでになったとの調査もあるほどです。

県内はもとより熊本出身者にとっては、くまモンの活躍は誇らしく、自慢できる存在です。事業者の方々からは、くまモンのお陰で県外での仕事が進めやすくなったとか、これまで以上の受注に繋がったとの声をお聞きします。

地方自治体の快挙！と、今年に入ってからは、マスコミの取材、各自治体や議会、商工会議所等々からの視察や講演依頼が引きもきらさずといった有様です。皆さんが知りたいのは、たった一つ。どうすればここまでの成功を収めることができたのか？

くまモンは、２０１０年2月、翌年に控えた九州新幹線全線開業に向け、小山薫堂さんが提唱した「くまもとサプライズ」のキャラクターとして誕生しました。これは「まずは地元の人が熊本の魅力を再発見し、お客様にサプライズとして提供し喜んでもらおう。人を幸せにすることが自らの幸せに繋がる」という県民を巻き込んだ運動なのです。

蒲島県政が目指すものは「県民の総幸福量の最大化」ですから、くまモンの行動原理も「サプライズとハピネスの種蒔き」と迷いがありません。

全国に数多あるキャラクターのひとつとして、地域をPRすることは当然に課せられた使命でしょうが、それにどう取り組むか、その方向性が明確なキャラクターは他に居ないのではないでしょうか？

常に何らかの驚き（サプライズ）を持って迎えられるような事柄に挑戦する。SNSで「いいね！」と拡散するような仕掛けに取り組む。くまモンや私たちが心がけているのはこの一点です。「前例踏襲」はくまモンの辞書にはありません。

くまモン自身も日々成長しています。今では定番の振り向きのポーズも、体育館を後にする際、背後から聞こえる子どもたちの拍手と声援に最後まできちんと応えたいとの思いで取った行動が始まりです。やんちゃな行動の一方で、プロのオーケストラを前にちゃんとタクトを振ったり、様々なご当地検定試験もガチで挑戦してクリアしたりしています。常に話題に事欠かない存在です。

大手企業とのコラボでも、お客様に喜んでいただくために、どんなサプライズを仕掛けるか……双方の思いが一致し、実現に向け動き出せば、間違いなくその商品はヒットします。予想を超える結果に、企業の方がビックリされたことも幾度となく経験しました。

いかに相手に喜んでいただけるか、幸せのお手伝いができるか。私たちだけでなく、くまモンに関わる多くの方々が、サプライズ体質になるから不思議です。共に夢を見ることができる存在がくまモンなのかもしれません。

この夏、ヨーロッパに飛び出したくまモン。アメリカ訪問ももうすぐです。世界中の方々にくまモンを愛していただき、ひいてはその故郷、日本国熊本県を知っていただくことが私たちの夢です。「願いは熊モテ県！」。私たちの忙しい日々は続きます。

（『ファイナンス』二〇一三年十月号巻頭言）

くまモンと二人三脚

去る十月二十八日、「第33回全国豊かな海づくり大会」で来県された天皇皇后両陛下を県庁でお出迎えしました。大変光栄なことに、両陛下は、当県営業部長のくまモンをご存じで、「くまモンに会えるわね」と楽しみにしていただいていると伝え聞き、一分四十秒ほどのショートバージョンで「くまモン体操」（曲名は「くまもとサプライズ！」）をご覧いただきました。ずんぐりしたあの体型にしてはキレのある動きを披露するくまモンに、「ありがとう、くまモンさん」との労いとともに、慈愛に満ちた微笑を湛えられた皇后さまからはこんなお言葉が。

「くまモンはお一人なのですか？」

さすがは営業部長だけに、くまモン自身は表情ひとつ変えませんでしたが、全く予期せぬお言葉に明らかに戸惑う蒲島郁夫知事。その様子を見ながら、私は、くまモンのこれまでの八面六臂の活躍ぶりを思い、感慨に耽っていました。

くまモンは、二〇一〇年三月、翌年の九州新幹線全線開業を前に、熊本をアピールする「くまもとサプライズPRキャラクター」として登場しました。県内の幼稚園や保育園を訪れ、子どもたちと一緒に「くまモン体操」を踊ったり、週末には行政イベントがあれば出番を作ってもらい、ひたすら県内を歩きました。とはいえ、最初は誰もくまモンのことを知りません。ほぼ同時に、九州新幹線の東の端である大阪各地では、「神出鬼没大作戦」を行い、特命全権大使（非常勤職員）として名刺一万枚を配りました。名刺には、「名前を覚えてもらえないので、名刺を作りました」、「カラダ張ってます。おなかも張ってます」、「くましくは、WEBへ！」など、全三二種類のコピーを入れました（現在はプレミアがついているようです）。こうして大阪を皮切りに関西各地に出張行脚、出没を繰り返しました。

二〇一一年九月、それまでの活動の功績により、知事から営業部長に任命されます。非常勤職員から部長（知事、副知事に次ぐポストです）に異例のスピード出世というサクセスストーリーです。夢を持つことの大切さを伝えたいという知事の粋な計らいと、営業部長の肩書をもてば企業の偉い方々に会えるという狙いもありました。

こうした活動で、応援してくださるファンは着実に増え、「ゆるキャラグランプリ201

1」では優勝という栄誉に輝きました。しかし、それはあくまで通過点。今日の人気には、くまモン本人の努力があったことも間違いありません。くまモン体操などの振付練習はもちろん、五〇メートルを十一秒で走り、ご当地検定にガチでトライし、オーケストラを指揮したかと思えば、漁師さんと船に乗って漁もする……。活動は〝全国区〟を超え、アジア、欧州に広がり、〝米国進出〟も果たしました。

もちろん、目立つことだけでなく、子どもたちから「くまモン、また来てね！」と声援を受ければ、振り返って応えますし、屋外イベントでは遠くから手を振っている人を目ざとく見つけて手を振り返します。気配りが身上です。

何でも数字に換算するのは公務員の癖ですのでご容赦いただきたいのですが、キャラクター利用料を無料としたことで、くまモンの関連商品の売り上げは年間二百九十三億円以上（二〇一二年）で、県内外に大きな経済効果を生んでいます。ツイッターのフォロワー数は三十万人を超えました。

私たちが目指すのは、くまモンを通して「くまもと」を世界に知っていただくこと。県民の皆様にとっても、くまモンの活躍は誇りであり自慢です。そのためにも末長く愛されるキャラクターとして、さらなるサプライズとハッピーを皆様と共有できるように「チームくまモン」も努力して参ります。……ん、なに？

「能ある熊だモン。自分で言うのもなんだけど」

と、くまモンも申しております。

（『文藝春秋』二〇一四年一月号巻頭随筆）

「肝試し」としての講演

取材と併せて講演や視察依頼が舞い込むようになりました。いずれもこれだけの成功を収めた熊本県の戦略について、ぜひ、聞かせてもらいたいというものです。

県内の方々であれば、県政に関心を持っていただける良い機会ですし、県外の方々であれば熊本県のPRに繋がりますので、できればすべてお受けしたいところですが、視察の受け入れや県内での講演だけならまだしも、県外となれば、少なくとも丸一日、場所次第では二日間も時間を取ってしまいます。本来の業務に加え、利用許諾のあり方や海外に向けた対応など課題は山積しており、課を空けておくのは望ましいことではありません。加えて議会開催期間や予算編成の時期は外さなければなりません。

先に視察からお話ししますと、他県の県議会、市議会や職員、商工会議所に始まり、アメリカ・マンスフィールド財団の研修生やタイの名門チュラロンコーン大学ＯＢの経済人の集まり、さらに、駐日大韓民国大使に至るまで。

くまモンスクエア等県内の施設を見ていただき、しかるべき場所でくまモンに関するお話をお聞きいただくというものです。

当時、九州外からの議会視察については、佐賀県の武雄市図書館と熊本県のくまモンスクエアを行程に入れるのが定番、と言われるようにまでなっていました。

講演は、二〇一三年がピークでした。年間で五〇件を超えました。週に一回はどこかでお話をしている勘定です。それ以降も多少減少はしたものの、熊本地震前までは、あまり変わらぬ数の依頼がありました。ただ、これだけの数になると、さすがに業務に支障を来します。

原則として、民間企業からのご依頼はお断りしました。年に四回開催される議会の会期中も然りです。公務と重なる場合はもちろんお断りせざるを得ません。

広告やマーケティング、知的財産に関する学会やセミナーは、むしろ進んで伺いました。講演を聞いていただき、専門家の視点でご意見をいただく貴重な場と考えたからです。

これらとは全く業界が異なる、県内で開催される様々な学会から基調講演の依頼を受けることも多くありました。熊本大学大学院生命科学研究部心臓血管外科が事務局を務めた日本心臓血管外科学会学術総会から打診されたときは、あまりにも場違いなので躊躇《ちゅうちょ》しましたが、「医者にとって専門外の話を聞く機会は少なく、大事な講演なのです」と川筋道雄会長（当時）から言われ、これを「肝試し」と考え、海外を含め全国の名だたる医学部等から集まった二〇〇〇人を超える心臓血管外科の専門医を前にお話をさせていただきました。

経済産業研究所と日本外国特派員協会でスピーチする

脱線しますが、しがない地方公務員にとって「肝試し」は大切なことと考えています。ここでいう「肝試し」は、夏の暑い夜に廃墟と化した病院に足を踏み入れることでは、もちろんありません。ふだんの生活や業務とは遠い存在で、趣味としてもおらず、避けて通れば一生関わらずに済むような環境にあえて身を置いてみること、とでも申しましょうか。

もちろん、日本心臓血管外科学会学術総会の演台に立つ以前に、一般的な講演会の演台に立つことさえ冷や汗ものの「肝試し」です。が、たとえば、有楽町のアピシウスのようなグランメゾンで食事をする、銀座のブランドショップを冷やかす（買い物などできようはずもありません）、ファンシーショップに足を踏み入れる、歌舞伎や宝塚、あるいはAKB48のステージを見に行く、「ケータイ大喜利」でレジェンドを目指す等々、年齢や性別によって「肝試し」はそれぞれでしょうが、少なくともチームくまモンにとって、その「肝試し」の蓄積がくまモンの活動に反映されているのは間違いありません。

これは、知事が常々話しておられる「フロンティアを広げる」と同じことかもしれません。しかし、しがない地方公務員の私たちにとっては、「フロンティアを広げる」よりも、「肝試し」の方が、言葉としてはフィットするんですよねぇ。

「肝試し」といえば、経済産業研究所（RIETI）のBBLセミナーと公益社団法人日本外国特派員協会でのスピーチもまた貴重な「肝試し」の場でした。

経済産業研究所は、二〇〇一年に経済産業省によって設立された政策シンクタンクです。そして、そのBBLセミナーとは、Brown Bag Lunch Seminar Seriesのこと。ワシントンのマサチューセッツアベニューにあるシンクタンクで日夜繰り広げられているような政策論争の場を日本にも移植し、policy marketを作りたいという思いで、同研究所が企画しているブレインストーミングセッションだそうです。国内外の識者を招き、様々な政策について、政策実務者、アカデミア、産業界、ジャーナリスト、外交官らとのディスカッションを行っています。アメリカでは自分の昼食を茶色の紙袋に入れて集まることから、Brown Bagという名前がついたそうです。と、ここまでの七行全部、同研究所のホームページから（ほぼ）カットアンドペーストしたわけですが、読むだけでもハードルが高いではないですか。

同研究所のコンサルティングフェローに古くからの友人がいたことが縁となり、彼がモデレータを務め、お話をさせていただきました。内容については、次項に記載しております、講演のテープ起こしと重なりますので、割愛いたします。

出席者は、残念ながら個別にご紹介はできませんが、「政策実務者、アカデミア、産業界、ジャーナリスト、外交官ら」であることに間違いはありません。やはり、しがない地方公務員にとっては縁のない世界です。

縁がないといえば、日本外国特派員協会でのスピーチもまた然りです。

二〇一三年の秋も深まった時期であったかと記憶しています。同協会から当課に電話がありました。くまモンに十五分ほどスピーチをしてほしいとの依頼です。

東京まで行く必要があります。先方からの依頼ということで、いつものように職員が旅費等の負担について求める説明をすると、これまで費用を負担した例はないとのこと。そこで、多少のやりとりの後、近々東京に出てくる機会があるときにでも、ということになりました。

日本外国特派員協会。調べれば、世界で最も古く、最も権威がある記者クラブの一つのようです。「国内外の首相、大統領をはじめとした政治家、企業人、さらに芸術家、文化、スポーツといった分野の、国際的な著名人が当協会を訪れています」とホームページにはあります。言わば、この協会に招かれ、席上でスピーチができるということはステータスであって、求めて座れる場ではない、ということがわかりました。通常であれば二つ返事で依頼を受け、自腹を切ってでも伺うべき場所だったのです。ホント、世間知らずで怖いもの知らずの地方公務員集団です（汗）。

とはいえ、そこは知恵の巡らしよう。ちゃっかり経済産業研究所でのＢＢＬセミナー出席に合わせ、二〇一四年二月十四日、外国特派員をはじめとする同協会の会員の皆様を前にスピーチをすることができました。

ビルの最上階。エレベーターを降りると、やがて七十周年を迎えるという同協会の通路の落ち着いた木彫の壁面には、これまでここでスピーチを行った歴代の首相や訪日した大統領をはじめ、ノーベル賞受賞者、探検家、作家、アスリート等々の額装された写真が来訪者を出迎えます。その通路を通るだけで、協会の歴史の重みと権威を感じます。

果たしてくまモンもまた、この壁に額装された写真となって、新たな来訪者を迎えることになるのだろうか？……それって、どうよ？

ちなみに、同協会の長い歴史の中でも、人間以外のスピーチは、くまモンが三例目だそうです。先の二例は、東宝のゴジラとホンダのＡＳＩＭＯ。ＡＳＩＭＯは良しとしても、ゴジラはどうやって席に座ったんだろう？

そんな疑問をよそに、十五分のスピーチに続き、くまモンに寄せられる様々な質問にお答えしました。スピーチの時間よりも質問の時間の方が長く取ってあるのは初めてでしたが、さすがに第一線で活躍される記者の皆さん。くまモンが答えに窮するような質問もありました。

幸い、同協会でのやりとりを書き起こしたものが、ログミーというホームページで公開されていますので、質問の受け答えにご関心があられる方は、そちらをご笑覧ください。

質問に答えた後は、司会の方に急かされるように「くまもとサプライズ！」に合わせてダンスを披露（本当は本人がそわそわしていたのですがね）。この日がバレンタインデーだったことから、女性の記者からチョコレートのプレゼントをもらい、さらに、サプライズで同協会の名誉会員証までいただき、嬉々として帰路に着いたくまモンでありました。

当然、このスピーチとダンスの件については、各社が海外に配信することになります。翌日二月十五日にはＡＦＰが「熊本県の『くまモン』、外国特派員協会で会見」と題して、次の内容の記事が配信されました。

【二月十五日　ＡＦＰ】熊本県の人気キャラクター「くまモン（Kumamon）」が十四日、東京・有楽町の日本外国特派員協会（Foreign Correspondents' Club of Japan, FCCJ）で記者会見した。

二〇一〇年の九州新幹線の全線開業を機にデビューしたくまモンは話すことはできないものの、パンから車にいたるまでさまざまな製品を飾り、イベントなどで広報活動を行っている。

会見の様子を取材しようと国内メディアも駆けつけた中、各国の記者から質問を受けたくまモンは、どこの国に行きたいかとの問いに対し、同席した熊本県の職員を介して「公務員という立場上、特定の国名を挙げるのは差し控えたい」とそつのない受け答えで応じて笑いを誘った。

日本銀行（Bank of Japan, BOJ）によると、くまモンが熊本県にもたらした経済効果は二〇一一年十一月から二〇一三年十月までの二年間で約一二三二億円と試算されている。

さらに、この記事が『ジャパンタイムズ』紙に掲載され、そのことを地元熊本の熊本日日新聞が「くまモン『あり得ない成功』仏ＡＦＰ通信が世界に配信」と題して取り上げ、多くの県民の皆さんが知ることになりました。

百年後も愛されるキャラクターを目指して

さて、講演ではどのような話をさせていただいているのか、内容については新しい話題の追加や資料の時点修正がありますし、時間的に余裕があれば脱線したりもしますので一様ではありません。熊本地震の後は、復旧・復興の状況についても触れております。この場をお借りして、これまでにお話しさせていただいた内容を再現し、お断りをした皆さんへの罪滅ぼしとさせていただきたいと思います。

＊　＊　＊

百年後も愛されるキャラクターを目指して――「くまモン」に見る熊本県のブランド戦略

●熊本県概要

くまモンの故郷、熊本県は、日本の西、九州の真ん中に位置します。

人口は約一八〇万人、面積は約七四〇〇平方キロメートル。

世界最大級のカルデラを持つ阿蘇山は熊本県にあります。

その伏流水の恵みを得て、熊本都市圏約八〇万人は、毎日ミネラルウォーターのお風呂に入っているとも言われています。もちろん水道の蛇口から阿蘇の伏流水が飲料水として提供されているからです。

その恵みは、熊本の農林水産業にももたらされています。

安全で安心な農林水産物。熊本は全国でも有数の農業県です。トマトやイグサなど特産品を挙げれば数多くあります。

また、半導体やビール工場など、豊かで質の高い水が欠かせない工場も集積しています。

加藤・細川に代表される歴史・伝統・文化の蓄積もあります。

他方で、なんでもあるがゆえに、これまで上手に熊本をアピールできなかったことも事実です。

●九州新幹線全線開業に向けて

二〇一一年三月、熊本もやっと大都市大阪と新幹線で結ばれることになりました。この百年に一度のビッグチャンスを生かして、「大阪を中心とする関西地域で熊本県の認知度を向上する！」。これが、当時の私たちに与えられたミッションでした。

一方で、福岡都市圏に人が流れてしまわないか。終着地鹿児島への通過駅になってしまわないかといった危機感もありました。

では、どうすれば？……そうだ！　くまモンを使おう！

くまもとサプライズとくまモンの誕生

九州新幹線の全線開業に向け、県民運動として盛り上げていこうと、新幹線くまもと創りプロジェクト推進本部が、小山薫堂さんにお願いして提唱されたのが「くまもとサプライズ」です。

そのロゴデザインをグッドデザインカンパニーの水野学さんにお願いして提案されたのが、びっくりマークを繋げたようなロゴ。そして「おまけ」で「くまモン」がついてきました。

「くまもとサプライズ」とは、「県民がふだん当たり前になっていて、注目することが少ないけれど、県外から見れば驚くべき価値あるものが沢山ある。それを再認識し、県外から来られる方々に伝えていこう」という県民運動です。

県外の方々から「いいね」と言っていただければ、言われた私たち自身も幸せになれますよね。

くまモンは、このように、九州新幹線の全線開業を機に、県外から訪れるであろう多くのゲストを、一八〇万県民を挙げておもてなしをするための旗振り役として誕生しました。

そのくまモンを、大阪における熊本県の認知度向上にも活用しようと考えたのです。

●小山薫堂と水野学の仕事の流儀

くまモンの生みの親は、小山薫堂さんと水野学さんです。

生みの親のお二人には、「仕事の流儀」とでもいうべきものがあります。

小山薫堂さんは、「その企画は新しいか、その企画は楽しいか、その企画は誰かを幸せにするか」。このいずれにも合致しない仕事は受けない、と言われます。

そして水野学さんは、「期待には応えるけれど、予想は裏切る」。

これは必ずしもご本人の言葉ではありませんが、彼の仕事の流儀としてこのように表現しても差し支えないと思っています。

くまモン誕生のときもそうでしたが、水野学さんが小山薫堂さんから頼まれたのは「くまもとサプライズ」のロゴを作ることでした。その「期待に応え」できあがったのが、びっくりマークが溶けて一体化したようなデザインです。

しかし、それだけでは終わらなかった。

なぜこの仕事を頼まれたのか、依頼者の背景をリサーチした上で、ロゴマークだけでなく、県民運動がより進みやすく周知しやすくなるようにと、キャラクターの「くまモン」を頼まれてもいないのに作ってくださり、提案された。良い意味で、「予想を裏切る」仕事をされる方であります。

蒲島県政が目指すもの

ところで、熊本県知事蒲島郁夫が目指すものは「県民の総幸福量の最大化」です。

そして我々職員に求めるものは「Above the expectation」、つまり「期待値を超えろ！」というものです。

この三人の方向性は見事に一致しています。組織人として仕事を進める上で、これは大変ありがたいことです。

知事はまた、「皿を割れ！」が口癖です。「洗わない皿は割れない。割れることを恐れずに、多くの皿を洗え！」つまり「失敗を恐れずに果敢に挑戦しろ！」ということです。

ですから私たちも、知事に対して「一緒に皿を割ってください」と、知事を引っ張り出しては、活躍していただいております。

チームくまモンの行動規範

さて、「県民の総幸福量の最大化」は、チームくまモンの基本理念でもあります。そして行動規範は、「3つのS」です。

- SURPRISE　サプライズ
- STORY　ストーリー
- SHARE　シェア

まず、「サプライズ（SURPRISE）」。くまもとサプライズ運動のＰＲキャラクターとして誕生したくまモンですから、当然です。常にフロンティアを広げ、新しいことにチャレンジし、皆さんをびっくりさせて「いいね」と言っていただけるような行動を心がけています。

次に「ストーリー性のある仕掛け（STORY）」。その場しのぎの目立つことを行うのではなく、なぜ、くまモンがその行動をするのか物語にすることで、皆さんにより深く理解し、納得していただきやすくなります。

そして最後に「シェア（SHARE）」。たとえれば、「三方よし」です。近江商人の言葉に「売り手よし、買い手よし、世間よし」とありますが、県と企業との二者間でのウィンウィンの関係だけでなく、県民やファンの皆さんにも「いいね」と言っていただける、くまモンに関わるすべての皆さんと幸せの共有ができる取り組みを常に考えるようにしています。

国内には、二〇〇〇とも三〇〇〇とも言われるほどゆるキャラが存在します。それぞれが地域のＰＲを主な目的としていることは変わらないと思います。くまモンもまた、その点は他のキャラクターと同じです。しかし、企業のように、基本理念や行動規範を明確にしていることは、くまモンと行動を共にするチームくまモンの大きな強みだと考えています。

●「ストーリー性のある仕掛け」とは

このような考えで最初に取り組んだのが、九州新幹線の終着駅大阪を中心とした関西でした。

二〇一一年春の開業に向け、関西地域での「熊本県の認知度向上」を目指し「ＫＡＮＳＡＩ戦略」に取り組むことにしました。

全国の自治体がＰＲにしのぎを削る大阪で、熊本県の認知度を上げるためには、まだ誰もやったことのないインパクトのあるプロモーションが必要でした。

九月から「神出鬼没作戦」として、およそひと月、大阪市内を中心に、くまモンが出没を繰り返しました。あえて「熊本」を表に出さずに、まず「くまモン」を知ってもらい、「あれ何？」と話題になるような仕掛けにしました。

最初から「熊本のＰＲキャラクター」と公にしてしまうと、熊本に関心のない人たちは見向きもしてくれないことは、大阪事務所職員の話やこれまでの経験から、良くわかっていました。

十月に入り、身元を明かします。「これからしばらく大阪で熊本をＰＲさせてもらいます。見かけたら仲よくしてください。くまモン」といったポスターを駅に貼り出しました。

同様に、面白いコピーを入れた、駅貼りのポスターも掲示しました。たとえば、

「大阪もなかなかええ城もってますやん。（関西弁に挑戦中）　熊本城は、三名城に必ず入ります。ま、自慢とかでは、ないんですけど」

「ウシもいいけど、ウマもいいよ。クマが言うのも、なんだけど。鶴橋の皆さん、熊本は美味しい馬刺しがありますよ！」

などなど、大阪環状線の各駅に一種類ずつの一点ものです。

名刺配布も行いました。裏は全部で三二種類の面白いコピーを考えてもらいました。そしてそれを一万枚作り、各所で配布しました。たとえば、

「熊本県は、くまの手も借りたいらしい」

「能ある熊です。じぶんで言うのもなんだけど」

「ウラのない、おもてなし、学んでます」

「カバのひと声でやってきたクマです。※知事のカバシマさんに言われまして……」

これら一万枚の名刺配布の途中、嫌気がさしたくまモンが失踪する！　というストーリーを作り、起承転結の四話をユーチューブにアップしました。

主人公が目標に向かって歩み始めるものの、敵が現れくじけそうになる。しかし、師や仲間に助けられ、再び目標に向かって進み、見事目標を達成する、という少年漫画の王道を地で行くようなものに仕立てました。この動画は、今でもユーチューブで「くまモン　失踪」と検索すれば見ていただくことができます。ぜひ、ご覧になってください。

吉本新喜劇にも知事と一緒に出演しました。「一緒に皿を割ってください！」の声に知事も応えてくれたのです。

吉本新喜劇を見に来るお客さんの多くは大阪に来た観光客です。私たちが考えるターゲットと異なるため反対する声もありましたが、若手職員の熱意に動かされ実施しました。実は私も反対した一人です。

しかし、同社の情報発信力を侮っていました。記者会見には全国四六社のマスコミが集まったのです。

これら大阪での取り組みが功を奏し、関西のマスコミに取り上げてもらう機会が増え、二〇一〇年度の費用対効果は、広告効果に換算すると八倍にもなりました。同年、ＫＡＮＳＡＩ戦略に費やした予算額が約八〇〇〇万円、パブリシティの獲得が約六億四〇〇〇万円です。

二〇一一年度は「営業部長」でくまもとを売る

くまモンがくまもとを売る！　営業部長活動の始まりです。これにはヒントになる出来事がありました。

二〇一〇年、くまモンの利用許諾を開始する前に、大阪府吹田市にあるエースコックから、早くもくまモンを使いたいとのオファーをいただいていたのです。

メインは「九州新幹線開業記念」として、はるさめ麺を使ったインスタントカップ麺で熊本名物「太平燕《タイピーエン》」を発売するのが目的でしたが、パッケージにはくまモンも描いていただきました。

年が明けて二〇一一年三月七日発売。しかし、十一日に東日本大震災が起きたため、初期ロットのみの販売となりました。具材の一部が東日本で製造されていたからです。

震災後の自粛ムードが漂う中、新年度の展開に向け内部で再検討が行われました。

そのとき、このエースコックの事例を「もったいない！」という声が上がりました。

先方の企業が、自ら熊本まで企画を携えてこられた。では、こちらから営業に出かけたらどうだろう？　幸い、熊本には多くの農林水産物があります。そして関西には大手食品メーカーが沢山あります。

くまモンが食品メーカーに営業を仕掛ける……。それを動画に収め、ネットで配信する。当時にすれば、とんでもない企画でしたが、「皿を割る」覚悟でトライすることにしました。

九月末、蒲島知事から営業部長の辞令をもらい、本格的に営業をかけることになりました。「ゆるキャラが県の部長になる」という珍事に多くのマスコミが集まりました。

紆余曲折の末、初の営業は、ＵＨＡ味覚糖になりました。同社をはじめとするくまモンの営業活動については、県職員が同行し、本物の社員が応対するというものです。

この動画は今もユーチューブでご覧いただくことができます。ご覧になれば、熊本には、から し蓮根やいきなり団子、デコポンなどの特産品があることが、インプットされるようにしています。

動画を見れば、私たちの意図はすぐにわかっていただけるのですが、動画を見る前に「県が貴社を訪ね、税金を使って企業の宣伝をしつつ、ゆるキャラに県産品の売り込みをさせているところを収録し、ユーチューブで公開したいのです」と言ってもなかなか趣旨が伝わらず、協力していただける企業を見つけるのに数カ月かかってしまいました。

そんな中、ＵＨＡ味覚糖から快諾をいただき、あろうことか本当に商品まで作っていただくことになりました。初営業で初の商品化は、ＵＨＡ味覚糖の「くまもと八代産晩白柚《バンペイユ》ぷっちょ」です。

二〇一二年三月、くまモンのイラストと共に「くまもと八代産晩白柚」とパッケージに記載された「ぷっちょ」が全国のコンビニやスーパーの店頭に並びました。

幸いだったのは、この間、くまモンが「ゆるキャラグランプリ２０１１」で優勝し、知名度も上がり、くまモンぷっちょが発売される頃には全国的にも有名になっていたことです。

おかげで大変良く売れたそうです。他方で、県にとってもパッケージやコンビニ・スーパー店頭での「くまもと八代産晩白柚」のＰＲ効果を考えると数千万円の価値があったと思います。

その後、ＵＨＡ味覚糖とは、ハニーローザ（李《すもも》の一種）、ひのしずく（いちご）、レモン、かんきつ中間母本農６号（みかん）等々、熊本県産の果実を使っていただき継続したお付き合いをさせていただいております。

最初の営業案件後、県は、ほとんど費用を支出しておりません。

ＵＨＡ味覚糖のぷっちょとコラボした商品の一例

●新しいビジネスモデルとなった

食品企業がくまモンのイラストを無償で使う代わりに、原材料として県の食材を買い、商品化し、店頭で販売することで、売り上げも伸び、県にとっては県産品のＰＲにも繋がる……。

これは、新しいビジネスモデルになりました。いくつか事例を紹介しましょう。

「カゴメ野菜生活１００デコポンミックス」では、それまでは側面で紹介されていたくまモンが、お付き合い八年目となる二〇一七年冬のパッケージで、初めて全商品の正面にイラストで登場し、熊本産デコポンのＰＲをしています。パッケージにはサプライズな仕掛けもありますが、これは買わないと確かめようがありません。

「いきなり団子味のチロルチョコレート」では、熊本県産の紫いもを、「神戸屋の蒸しパン」には阿蘇ジャージー牛乳を使っていただき、パッケージには九州の地図をプリントし、熊本県の位置を示していただいております。

「グリコのポッキー」では、商品パッケージの表にくまモンの顔を大きくデザインし、裏では、そのほとんどのスペースを割いて熊本の観光ＰＲをしていただきました。作ってくださったパッケージは、天草や阿蘇など五種類です。

商品のパッケージで自治体の観光ＰＲを行う。画期的なことです。

これはまた、「グリコが、一地域の振興に寄与している」というＣＳＲ（企業の社会的責任）としてのメッセージにも繋がっています。

これが発売されると、お客様が五種類をまとめ買いされ、売れ行きも五倍になったということです。パッケージの上の部分を切り出すと、くまモンの耳が現れるなど、遊び心もあり、「三方よし」にふさわしい商品になりました。

また、「カルビーのポテトチップス」は熊本県産の海苔《のり》を使用していただいていますが、カルビーだけでなく、スナック菓子のライバル企業でもある、湖池屋や東ハトともお付き合いをさせていただいております。

パッケージ正面にくまモンが登場した、カゴメ野菜生活100デコポンミックス

パッケージに観光PRを取り入れた画期的なグリコのポッキー（販売終了）

通常、商業ベースのキャラクターやタレントは、同業他社との契約はしていません。企業の顔として商品の宣伝を行うわけですから当然といえば当然です。

しかし、くまモンは公務員ですから、県産品の販路拡大やPRなど、条件さえ折り合えば、どの企業ともお付き合いをいたします。

ですから、先方からお話があった際には、予め同業他社からのお申し出があればそちらともお付き合いをさせていただく旨をお伝えし、了承していただくこととしています。

●大手企業との様々なコラボ

二〇一三年と二〇一四年には、JALの欧米路線でエコノミークラスの軽食に「AIRくまモン」が採用されました。メニューは太平燕と熊本菓房のカスタードケーキです。小山薫堂さんがJAL国際線のアドバイザーをされているご縁で実現した企画で、箸袋やパッケージ、メニュー表にまでくまモンを多用したトータルデザインは水野学さんが行いました。

食品にとどまらず、タカラトミーの「リカちゃん人形」やタミヤの「ミニ四駆」にも登場しました。タミヤのミニ四駆は、発売以来三十年を超える歴史の中で、初のキャラクター物として登場し、通常のバージョンの数倍の売れ行きを記録したと聞いています。

ホンダの「モンキー・くまモンバージョン」、通称くまモンモンキーは本物のバイクです。本田技研工業のバイクの国内生産拠点は熊本県大津町にあります。そのご縁で作っていただきました。一台三一万二〇〇〇円もする五〇ccバイクに、一五〇〇台以上の受注がありました。

エンターテインメントの分野では、二〇一四年夏に公開された映画『るろうに剣心　京都大火編／伝説の最期編』のロケが熊本で行われた縁で、同年のエイプリルフールに、先行プロモーションとして、佐藤健に代えてくまモンが緋村《ひむら》剣心に扮したポスターが、全国の系列映画館に掲出

『るろうに剣心』と『弱虫ペダル』のポスター

されて話題となりました。

また、翌二〇一五年夏には熊本の阿蘇を舞台とした『劇場版弱虫ペダル』でも、くまモンが登場しました。

音楽では、「くまもとサプライズ！」「くまモンもん」に次ぐ第三弾として、「ハッピーくまモン」を発売して以降、日本コロムビアと、お付き合いが続いています。

スポーツでは、プロ野球福岡ソフトバンクホークス、地元のサッカーJ2のロアッソ熊本やプロバスケットチーム・熊本ヴォルターズの応援にも駆けつけています。

二〇一五年には、阿蘇を舞台とした絵本『くまモンとブルービーのなかまたち』が発売され、学研プラスからは『くまモン！これ英語でなんていうと？ 英和・和英じてん』が発売されるまでになっています。

これまで営業部長案件として、いわゆる有名企業とコラボした熊本の販路拡大やPRにご協力いただいた企業は、二〇一七年度末で延べ二〇〇社を超えています。

その多くの企業と、一回限りでなく、継続したお付き合いをさせていただいております。

●「楽市楽座」

さて、営業部長案件に限らず、多くの企業とお付き合いさせていただいているくまモンですが、その理由は何と言っても「楽市楽座」つまり「ロイヤリティフリー」の政策にあります。

ご存じのように「楽市楽座」は、織田信長が城下町の活性化のために、課税を免除し、自由な交易を認めた政策ですので、私たちはロイヤリティを取らずに自由にくまモンの商品化を認める本県の政策をこう呼んでいます。

元々、九州新幹線の全線開業を前に、県内の事業者から、くまモンを使ったお土産物を販売したい、との要望を受けてイラストの利用許諾をスタートさせました。

そのため、「県内の事業者が潤うのであれば」と、最終的には知事が決断しました。

後でわかったことですが、ロイヤリティは、売れる、売れないにかかわらず、全額を前払いとすることが多いとのこと。

もし、当時、熊本県がロイヤリティを取ると判断していたならば、県内だけならまだしも県外のことも考えれば、果たしてこれだけ多くの事業者がくまモンの商品化に乗り出したかは疑問です。

●利用許諾は三種類

ただ、楽市楽座と言いながらも、「食品については原則として県内企業のみ」としています。熊本は国内で有数の農業県でもあります。その振興のため、というのが理由です。

ですから、仮に県外企業であっても一定量以上の県産食材を使っていただける食品については、例外的にくまモンの利用を認めています。

ここまでの「許諾」について整理してみますと、三種類あることがおわかりいただけると思います。

一　営業部長案件
二　通常の利用許諾（食品は原則県内に本社、事業所、工場がある企業のみ）
三　例外規定（県外食品メーカーで県産食材を一定割合使った食品）

●くまモンの経済効果

くまモンの使命は、「サプライズとハピネスの種蒔き」ですが、「営業部長」を名乗り始めてから、どうしても「経済効果は？」と、数字でその実績を問われることが多くなりました。

その経済効果ですが、二〇一七年度末現在、利用許諾件数は二万七〇〇〇件を超えています。

関連商品売上は年々順調な伸びを見せ、毎年県が行っている関連商品売上調査では、二〇一一年は二五億円、二〇一二年は二九三億円、二〇一三年は四四九億円、二〇一四年は六四三億円、二〇一五年は初めて一〇〇〇億円を超え、一〇〇七億円、二〇一六年は一二八〇億円、そして二〇一七年は一四〇八億円と、これまでのところ順調な伸びを見せています。

外部の調査もあります。あの日本銀行が調査してくださいました。それによれば、「ゆるキャラグランプリ2011」で優勝した二〇一一年十一月から二年の間に、くまモンが熊本県にもたらした経済波及効果は一二四四億円という数字が出ています。これは県内を対象としたもので県外の数字は含まれておりません。

例年、日本銀行がNHK大河ドラマの経済波及効果を試算されますが、平均で二三〇億円、過去最高額が「龍馬伝」の五三五億円と聞いております。

また、同調査では、パブリシティ効果は別途県内だけで九〇億円となっております。

●海外に広がるくまモン

くまモンの勢いは国内にとどまらず、海外にも広がっています。

私たちは、くまモンを活用し、アジア地域では県産品の販路拡大と観光客誘客を、欧米ではブランド価値向上を目指すという、二つの戦略を取っています。これらにより、海外における熊本県の認知度向上に繋げたいと考えています。

その準備としてまず、一三の国と地域で商標登録を進め、アメリカ合衆国と中華人民共和国では、それに加え両国の国内法に基づく著作権登録を行いました。本物のくまモンが海外で偽物《にせもの》呼ばわりされないためには欠かせない手続きです。

その上で、二〇一四年六月、準備が整った国と地域について海外販売を解禁しました。

解禁から一年後。新たに県内の五〇社がくまモン関連商品の輸出に取り組み始めましたが、その多くは初めて貿易に携わるという方々です。

しかし、くまモン商品の海外販売解禁以前から、くまモン自身は海外にも出動しています。海外展開について、いくつか具体的な事例をお示ししましょう。

●アジアのくまモン

まず、アジアですが、県内の事業者の方々と連携して県産品の販路拡大と併せ熊本県の認知度向上に努めています。

くまモンの海外初渡航は、韓国です。当時熊本空港唯一の国際航路、韓国に向け「知事とくまモンと行く韓国ツアー」として七〇名のお客様と共に出発しました。二〇一一年五月のことです。

中国では熊本フェアや博覧会等様々な場面で登場しています。

香港の地元資本の一田（ヤタ）百貨店では、県産の農林水産物を常時販売していただくことを条件として、海外販売解禁に先立つ二〇一四年三月、「くまモンショップ」常設を認めました。

台湾では、二〇一四年七月、セブン‐イレブン約五〇〇〇店舗で、くまもとくまモンフェアを開催、また香港では、サークルKが二〇一五年三月に、くまもとくまモンフェアを開催するなど各社が競うように熊本県との付き合いを深めています。

香港や台湾に限らず、タイやインドネシアにも人気が広がっています。タイでは財閥系企業グループと連携しショッピングモールでのくまもとフェアが二〇一六年一月に実現しました。

タイのショッピングモールにトゥクトゥクで登場するくまモン

●欧米のくまモン

次に欧米ですが、こちらでは、先に触れたように、それぞれの地元の老舗ブランドとコラボした展開を行う中で、くまモンのブランドイメージを高めていく戦略を取っています。

最初の事例は、二〇一三年、ドイツ・シュタイフ社の「テディベアくまモン」です。同年五月に限定一五〇〇体が、わずか五秒で完売するという事件は、ドイツ本社にも伝わり、一年後には世界でたった一体だけの「ビッグサイズのテディベアくまモン」を寄贈していただきました。

パリ・ジャパンエキスポにて、コスプレイヤーの皆さんと

同年七月には、フランスを代表するクリスタルブランドバカラ社から「クリスタル製のくまモン」が発売。

同じくイギリスにあるＭＩＮＩの工場を訪問した際には、パディントン　ベアが「くまモン仕様のＭＩＮＩ」で出迎えるというサプライズがありました。

翌二〇一四年には、三五ミリフィルムカメラの草分け、ドイツのライカ社を訪問し、後日「くまモンのライカＭ」や「くまモンのライカＣ」が発売されました。

二〇一五年十月には、初のイタリア、ミラノ万博訪問に合わせ、ハンドメイド自転車デローザの工房を訪ね、オリジナル自転車がほしいと無理なお願いを実現させました。

これら海外版企業訪問だけでなく、プロモーション活動として、二〇一三年からフランスはパリ郊外で開催されるジャパンエキスポに毎年参加しています。

また、ホンダとの縁を生かし、二〇一五年五月には、ル・マンで開催されたMotoGPにレプソル・ホンダ・チームのパドックを訪れ、二年連続チャンピオンのマルク・

マルケスを表敬訪問。MotoGPオフィシャルウェブサイトではくまモンの映像が全世界に配信されました。

また、その足でカンヌ国際映画祭を訪問し、ジャパンパビリオンでKUMAMON DAYを開催。ショートフィルム「くまもとで、待ってる。」「ふるさとで、ずっと。」の二作品の上映会を実施しました。

アメリカでは、二〇一三年に、蒲島知事と共に知事の母校でもあるハーバード大学の教壇にも立ち「The Political Economy of Kumamon : A New Frontier in Japan's Public Administration」と題して講演した知事をサポートしました。知事と二人三脚による国際的にも有名な大学での講演は東京大学、北京大学に次いで三校目になります。

その後、ボストンではレッドソックスのホームを訪ね、同球団のマスコットキャラクター・ウォーリーに会い、ワールドシリーズ優勝のお祝いを申し上げました。

二〇一四年十一月には、WOMMY AWARDエンゲージメント部門でブロンズ賞を受賞したことで、授賞式が開催されたハリウッドにも行っています。

●様々なメディアにも登場

様々なメディアがくまモンを取り上げます。

アメリカのクオリティーペーパー、『The Wall Street Journal』が一面でくまモンを取り上げたのは、二〇一二年十二月二十六日のことです。

二〇一四年二月十四日には、日本外国特派員協会にも招待され、スピーチを行いました。この講演を受け、ＡＦＰ通信が、世界に「ありえない成功」と配信しました。

二〇一四年七月には、『NIKKEI ASIAN REVIEW』やフランスの『ZOOM JAPON』でも取り上げられました。

タイの雑誌『a day』では特集が組まれ、韓国の新聞では一ページを割いて取材記事が掲載されました。

もちろん、国内では女性週刊誌から業界紙、トレンド情報誌に至るまで、様々な雑誌で取り上げられました。

『アエラ』の看板ページ「現代の肖像」にも登場します。人間以外で取り上げられたのはミッキーマウスに次いで二人目とのことでした。

●県民の総幸福量の最大化にも寄与

すでにおわかりのとおり、経済的効果だけではありません。蒲島県政の目標は、「県民の総幸福量の最大化」にあると申し上げました。それには四つの要素があります。「経済的な豊かさ」の他に、「品格と誇り」「安全安心」、そして「夢」です。くまモンは、すべての要素に貢献しています。

民間の調査会社が毎年公表している「地域ブランド調査」都道府県の部では、新幹線開業の二〇一一年と三年後の二〇一四年との比較において、すべての項目で熊本県の上昇が見られます。たとえば、魅力度は一九位から一五位、認知度は三二位から一八位、情報接触度は三四位から一八位、愛着度は一八位から五位、自慢度は一五位から九位といった具合です。

●くまモンスクエア

二〇一三年七月二十四日、熊本市内の百貨店も入る複合ビルの一階に「くまモンスクエア」をオープンしました。新しい熊本の観光地として、国内はもとより、海外からも多くのファンが訪ねてきます。くまモンのステージがある日には、今でも入場規制が行われています。

ここでしか手に入らない「メイドイン熊本」にこだわった商品構成を心がけています。

また、県内の伝統的工芸品とのコラボ商品開発も行われており、くまモンがきっかけとなり、伝統的工芸品にも新たな目が向けられるようになりました。

●これからも様々なサプライズとハピネスを

天皇皇后両陛下の御前でのくまモン体操の披露、NHK紅白歌合戦への初のゲスト出演（共に二〇一三年）、歌舞伎座俳優祭への登場（二〇一四年）、東京証券取引所大納会での打鐘（二〇一六年）等々、次々と夢を実現するくまモン。その夢は、私たちの夢であり、県民の夢でもあります。

東京や大阪などに住む熊本県出身の方々も、くまモン人気の高まりで、これまで以上に郷土熊本を自慢に思い、誇りに思えるようになったと聞きます。これは、お金では買えない価値だと思います。

これからもくまモンは、全国どこにでも、そして海外へも「サプライズ」と「ハッピー」を届けます。

2019女子ハンドボール世界選手権大会のTシャツを着て

二〇二〇年の東京オリンピック・パラリンピックの前年、二〇一九年には、ラグビーワールドカップが開催されます。熊本も会場の一つに選ばれています。同じ年、熊本県では、女子ハンドボール世界選手権大会が開催されます。

これからしばらくは、世界の目が、日本に、そして熊本に向けられます。

海外で「日本の熊本から来ました」と話したとき、「くまモンの故郷ですよね、いいところのようですね、一度行ってみたいです」と言われるように、世界中にくまモンを、そして熊本を知っていただけるように、これからもフロンティアを広げていきたいと考えています。

ご清聴ありがとうございました。

3つのS

人にはそれぞれに「仕事の流儀」があります。

小山薫堂さんは、「その企画は新しいか、その企画は楽しいか、その企画は誰かを幸せにするか」、このいずれにも合致しない仕事は受けない。と言われます。

水野学さんは、「期待には応えるけれど、予想は裏切る」。

蒲島知事は、「Above the expectation」つまり「期待値を超えろ!」。

知事はまた、「皿を割れ!」が口癖です。「洗わない皿は割れない。割れることを恐れずに、多くの皿を洗え!」つまり「失敗を恐れずに果敢に挑戦しろ!」ということです。

チームくまモンにも「仕事の流儀」があります。私たちはこれを「行動規範」と称していますが、それはCI(Corporate Identity)の考え方を基本にしているからです。

それが「3つのS」です。

「サプライズ(SURPRISE)」は、常にフロンティアを広げ、新しいことにチャレンジし、皆さんをびっくりさせて「いいね」と言っていただけるような行動を心がけています。

「ストーリー性のある仕掛け(STORY)」。なぜ、くまモンがその行動をするのか、物語にすることで皆さんがより深く理解し、納得していただきやすくなります。

「**シェア（SHARE）**」は、「三方よし」です。近江商人の言葉に「売り手よし、買い手よし、世間よし」とありますが、県と企業との二者間でのウィンウィンの関係だけでなく、県民やファンの皆さんにも「いいね」と言っていただける、くまモンに関わるすべての皆さんが幸せの共有ができる取り組みを常に考えるようにしています。

CIの考え方を基本にしているというのであれば、基本理念は何か？　ということになりますが、それは蒲島県政が掲げる「**県民の総幸福量の最大化**」です。

くまモンが「しあわせ部長」の肩書を有するのは、ここに原点があります。

仕事に忙殺されると、自分の立ち位置が見えなくなることがあります。「何のためにこの書類の山と格闘しているのか？」「県外企業にくまモンのイラストを許諾することが、熊本県のためになるのか？」、こうなると、モチベーションも低下しかねません。

「何のための仕事か？」そして、「その仕事にどう取り組むべきか」。これからも職員が仕事をしていく上で迷ったり悩んだりしたとき、この原点に立ち返ってほしいと思います。

第二章

「くまモン」を守る——著作権と商標権

海外販売自由化を控え、県内企業や県内の生産拠点で製造された
くまモン商品だけが使用できる新しいブランドマーク（2018年7月発表）

海外販売解禁

利用許諾を受けた商品を海外でも売りたい。という相談が寄せられるようになったのは、二〇一二年から二〇一三年にかけての頃です。

すでに香港では、熊本県産の農林水産物のトップセールスに知事と共にくまモンが地元百貨店の店頭に立つようになっていました。キャンペーンの記念品としてくまモングッズを用意すれば、商品もまた飛ぶように売れていきます。人気は、確実に高まっていました。

記念品にかぎらずとも、たとえば「ひのしずく」という品種のいちごは、熊本県だけでなく、県外の農家も作付けをし、それぞれの農協を通して香港の百貨店でも売られています。

そのパッケージにくまモンのシールを貼ることができるのは、「熊本県産のひのしずく」だけです。農林水産物については、県産品でないとくまモンを使うことができないという決まりがあるからです。

店頭で隣同士に並んだ日本産のいちご「ひのしずく」。同じ品種、同じ量、値段も同じ。であれば確実にくまモンのシールが貼ってある熊本県産から売れていきます。これは見事としか言いようがありません。まあ、海外に限った話ではありませんが……。

農林水産物以外の県内の事業者からは、くまモングッズや加工食品を香港や台湾で売りたいとの声が出ていました。また、すでにアジア地域に進出している県内企業もそれを希望しています。私たちもまた、海外における熊本県の認知度向上、県産品の販路拡大のためには、くまモン関連商品の販売は不可欠、との思いがあります。

しかし、そのためには先に片付けておかねばならない問題があります。

著作権と商標権の処理です。

中国本土や台湾ではすでに偽物が出回っているという情報が寄せられています。以前は、「くまモンのパチモンが、現れるくらいになりたい」と嘯《うそぶ》いていましたが、いざ本当に現れてしまうと、これは困った問題です。

それ以前に、もし、先に他者が商標登録をしてしまったら、その国や地域では、こちらが偽物扱いされ、排除されかねません。

貿易を所管する国際課からは、

「県内事業者の貿易振興のため、一日も早く許諾をしてほしい」

と責められます。

「どうして、農産物では良くて、加工品はダメなんですか！」

とも。

「これは、知事のトップセールスという期間限定の催事であり、農林水産物に付随してくまモンのシールを貼って、それを買ったお客様への粗品として無償で渡すものだから」と所管の農林水産部流通対策課（当時）。

「無償と有償とでは、著作権や商標権上の扱いは異なるの？」

と、ごもっともな意見は国際課。

「香港では、大陸からの非正規品が輸入されてすでに販売されているんですよ。それを放置しておけば正規品さえ売れなくなるじゃないですか」

と、たたみかけられ……。

実情に制度が追いつかないことは、行政にとってはままあることですが（いや、決してそれを良しとはしていないわけで）、すでに一部の国や地域では商標登録の手続きを始めてはいるものの、登録まではある程度の期間、国や地域によって異なりますが、概ね半年程度はかかりますし、他国のことでもあり、急かすわけにもいきません。

何よりも、私たちの想定を超える速さで、くまモンがアジア諸国で人気モンになっていっているのが、すべての元凶で……いや、決して悪く言うつもりは微塵《みじん》もなく。

調整の上、「商標登録が完了するのを待ってから」、としていたものを、先願主義であることを踏まえ、「商標登録申請が受理されれば」、に改め、その他の規程も整えた上で、具体的には二〇一四年六月九日、県内事業者に限定し、海外への輸出を認めることになりました。対象としたのは次の一三カ国・地域です。
　商標登録が完了したところ　中国、香港、台湾、韓国、シンガポール
　申請書が受理されたところ　タイ、アメリカ、EU、インドネシア、マレーシア、ベトナム、オーストラリア、フィリピン
　にもかかわらず、これを伝える当時の地元熊本日日新聞には、「くまモン商品　世界販売受付け開始」（二〇一四年五月二十一日付）と華々しいタイトルがつけられました。期待の大きさがわかりますねぇ。
　これと並行して、訴訟大国のアメリカと世界の工場と言われている中国では、それぞれの国内法で著作権登録の制度があることから、著作物としてもくまモンを登録する手続きを進め、二〇一五年度中には無事登録を完了することができました。
　ここまで読んでくださった方の中には、商標登録と著作権登録って何が違うの？　とか、熊本県がくまモンのイラストに表示を義務化している「©」のマークは、コピーライトの略だから著作権表示であって、登録商標の表示じゃないのでは？　あるいは、国内ではどうしているの？と思われた方もいらっしゃるでしょう。多分。きっと。いや、必ず。
　その点については、別に著作権と商標権について様々な書籍や資料がありますので、そちらをご覧いただくか、遠からず発売されるであろう『くまモンのプロモーション戦略に見る知的財産権の扱いについて』を待たれてください。……これ、ありえません。本当は書いてみたいのです

が知識も根性もなく。どなたかぜひ上梓してください。

「くまモン」を守る

とはいえ、ごくごく簡単に、「くまモン」を守るために知的財産のお話をさせていただきます。

くまモンの知的財産とは、水野学さんがデザインされた「くまモンのイラスト」と「くまモンという名称」を指します。名称は、国によっては、「KUMAMON」や中国語表記の「酷ＭＡ萌」だったりします。

私たちは、「くまモンのイラスト」は著作権で保護し、「KUMAMON」などの名称（文字）については商標登録で保護する、という考え方を基本としています。

作品登记证书

No. 00193172

登 记 号：国作登字-2015-F-00193172

作品名称：酷MA萌　作品类别：美术作品

作　　者：水野学　著作权人：日本国熊本县

创作完成时间：2010年12月　首次发表时间：2010年12月28日

以上事项，由日本国熊本县申请，经中国版权保护中心审核，根据《作品自愿登记试行办法》规定，予以登记。

登记日期：2015年06月15日　登记机构签章

中华人民共和国国家版权局 作品自愿登记 专用章

中国における著作権登録証

著作権で保護されない「くまモン」や「KUMAMON」などの名称（文字）については商標登録で保護する、という考え方を基本としています。

ただ、海外では、日本国内で著作権登録を行っていることを証明するのは容易ではないため、各国・地域でイラストについても必要最低限の商標登録を行うことで著作権者であることが証明できるようにしています。

また、訴訟大国のアメリカと世界の工場と言われる中国においては、それぞれ、国内法に基づく著作権登録を行い、より強制力を持たせていることは、先ほどもお話ししたとおりです。で、「著作権とはなんぞや?」「商標とはなんぞや?」になりますが、ウィキペディアの「著作権の登録制度」の冒頭に記載されている説明がコンパクトにまとめられておりわかりやすいので、これを引用させていただきます。

説明の中で「著作物」という言葉が出てきますが、これは、絵であったり、音楽であったり、文章であったり、パソコンのソフトであったりあらゆる創作物を指す、と理解しています。たとえば幼稚園児が描いたお絵かきだって立派な著作物です。

「著作権登録制度」とは

日本の著作権法には数種類の著作権の登録制度が規定されている。そもそも日本法上、著作物を創作するとすぐに何の手続を経る必要もなく著作権を享有できるとされており(著作権法第十七条二項、無方式主義)、著作権の登録制度も、権利発生のための手続ではない。一方で特許権や商標権は出願から審査を経て登録されて初めて権利が発生するが(特許法六十六条一項、商標法十八条一項)、これは著作権との大きな違いである。

登録をしなくても権利が発生するのにもかかわらず著作権に登録制度が存在する理由は、

・創作日などの事実関係を証明しやすくするため
・著作権の移転などの権利変動を公示するため

などである。登録をすることにより、著作者や第一年月日、創作日が推定される。また権利変動は登録しなければ第三者に対抗できない。

（ウィキペディアより）

ゆるキャラ業界のことに詳しい方々は、ひこにゃんの原作者と市役所との間で著作権について争いが起きていたことをご存じでしょう。そのため、くまモンは早いうちから権利関係を明確にしてきました。

商標については、二〇一〇年度には国内で、二〇一一年度からは海外での登録を積極的に進めてきました。くまモンの登場と、さほど時差はありません。

著作権についても、熊本県の著作物として、第三者対抗要件を備えるため、国内では、二〇一二年十月には文化庁へ著作権登録を行っています。

本当に「パチモン」が、現れた――海外における偽物対策

「上海でくまモンの偽物が売られている」との情報が私たちの耳に入ったのは、二〇一二年秋、熊本県上海事務所の職員からでした。あろうことか、白と黒を反転させた真っ赤な、というより真っ白なにせモン、とのこと。真っ黒なくまモンが本物で真っ白なくまモンはにせモン。言葉に

するとややこしいのですが、オリジナルのデザインが秀逸ですから、これはこれで結構可愛らしい仕上がりです。と言ってはいけないのでしょうが……。

その後、二〇一三年五月、東京の某テレビ局の知るところとなり、熊本までカメラクルーと共に取材に来られました。私の記憶をたどると、

「上海でくまモンの偽物が出回っているが、知っているか？」

「昨年、熊本県上海事務所から情報は得ている」

「くまモンの利用許諾を受けた県内の事業者が依頼した中国の製造業者が製造し、出回っているということだが、知っているか？　対応する予定はあるか？」

「（許諾した事業者が本当に関わっているか）何の証拠もなく、否定されればそれまで」

「今後対策を取るのか？」

「その必要性は認識しているし、考えなければならない。現在、県は、偽物はもちろん、くまモン関係商品については、海外における販売を前提とした利用許諾は、行っていない。今後、県内事業者の海外展開を考え、昨年二月には、中国等におけるくまモンの商標登録手続きを進めている」

というやりとりがありましたでしょうか。

人気モンのくまモンのにせモンということで、全国放送され、困った顔をしている課長の顔がテレビに映し出されました。

しかし、当時、本当に困っていたかといえば、「どうしようもないよね。こればっかりは」というのが本音でした（あ、書いちゃった）。

「偽物は一切認めない」。当たり前ですが、これが基本です。

しかし、では一体何ができたというのでしょう？

ロイヤリティフリー、つまり無償で使っていただいているのですから、金銭面での県の損害は明らかでありません。商標登録と著作権登録まで済ませれば、こちらが偽物扱いされて排除される心配もないのです。

実害を被っているのは、当時はまだ、県内事業者の海外販売も認めていなかった時期ですから、誰もいません。が、近い将来、海外販売を始めるであろう県内事業者のことを考えれば、当然偽物は排除すべきです。

では、誰が？

もちろん県です。くまモンの著作権と商標の権利者は熊本県なのですから。そしてそれは、楽市楽座を前提とすれば、県民の皆さんの税金を使わせていただくことに他なりません。

では、どの程度の予算措置をすればよいでしょうか？

台湾の夜店では、ドラえもんなど日本の有名キャラクターの偽物Tシャツが売られています。世界を相手にキャラクタービジネスを手がける民間企業でさえ、夜店にまでは手が回っていないのが現状です。こうした企業の中には偽物対策に年間十数億の費用をかけているところもあると聞いています。もちろんその原資は、ロイヤリティ収入です。

将来海外販売を始めるであろう一〇〇社に満たない、あるいはそれ以上になるかもしれませんが、県内事業者を想定し、楽市楽座を前提とする県が、偽物対策に数億円の予算を税金から計上することは、とても県民の皆さんには理解していただけないと思われました。むしろ、

「儲《もう》けている事業者こそ、偽物対策費を支払うべきではないか」

との声が聞こえてきそうです。

私たちも、ことここに至って、やっと、ロイヤリティとは、単に収入を得るためだけでなく、偽物を排除するために充てるべき費用も含まれていることに思い至ったわけです。

そのための施策を、つまりは大きな方針転換をどうすべきか、検討に入りました。それと同時に、目の前の事態には対処しなければなりません。

で、「目の前の事態」について、どうしてきたかといえば、県民の皆様にも、当面、まあこの程度であればご理解いただけるであろう、という金額を予算として計上し、顧問弁護士の千葉康博先生にお願いして、世界の工場と言われている中国の某所を中心に監視を続けており、これという相手に狙いを定め摘発を行うようにしています。

千葉先生は、熊本で唯一、アメリカ・ニューヨーク州の弁護士資格を持つ国際派弁護士で、上海の弁護士事務所ともネットワークを持っています。何より、

「名刺に『くまモンの顧問弁護士』と書くことができれば、無償で引き受けます」

と、くまモン愛に溢れた、大変理解のある方です。

もちろん、無償でお引き受けいただくわけにはいかないのですが。そこは気持ちの問題です。

二〇一五年度には、中国の知財当局と連携して初の摘発を行い、日本国内だけでなく、上海にある日本領事館にも協力をお願いして記者発表を行いました。

限られた予算ではありますが、その範囲で効果的な摘発を行い、熊本県はちゃんと偽物対策をしていますよ、とアナウンスすることで一罰百戒としているのです。

その後も、報道でご存じのように、二〇一六年十二月、上海で開業した「大江戸温泉物語」でくまモンのイラストが施設のPR記事に使われ、施設の装飾にくまモンのぬいぐるみが使われていることが発覚しましたが、熊本県が是正措置を講じています。

海外販売全面解禁

二〇一八年一月、くまモン商品の海外販売が全面解禁されることになりました。

「海外販売解禁」の項でお話ししたように、これまでは県内の事業者にのみ海外でのくまモングッズの販売が認められてきたのを、海外の事業者にもこれを認めることにしたのです。それに伴い、(海外販売では)ロイヤリティをいただくことにいたしました。「大きな方針転換」です。

香港、台湾、中国本土、そしてタイほかと、くまモン人気の広がりは、私たちの予想を超え、多分多くの県民の皆様ですらご存じない中で、そりゃあまあ、大変なことになっちゃっていて（と、呆れるくらいの人気モンの様子をこう表現してみたのですが……失礼しました）、今やこれらの国や地域では、集客施設にはくまモングッズが必須、訪問した際、「くまモンのふるさと熊本から来ました」と挨拶すれば大歓待され、くまモンのシールをお土産に渡せば相手は狂喜乱舞……いささか盛りすぎたかもしれませんが、現地を訪れた方々の話を聞けば、決して大袈裟《おおげさ》な表現でもありません。

それゆえ、偽物も多数出回っており、本物を見つける方が難しいくらいで、偽くまモンは、ネットや地元メディアにも取り上げられ、日本にいても把握できるほどです。ここまで来ると、今、抜本的な対策を取らねば、先々「くまモンのブランドイメージの低下」に繋がりかねない、という不安が背中を押しました。

そして、幸いにも、これらを手がけても良いと、手を挙げてくださる企業が現れたのです。つまり、県に対価を求めることなく、ロイヤリティ収入だけで対応しようというのです。

ロイヤリティ収入は、今後世界中から申請されるであろう海外企業向け許諾手続きを行うだけでなく、偽物対策にも使われます。かと言って、それが高額であればくまモンを使いたい企業側も躊躇します。このバランスをどう取るのか。手を挙げてくださったアサツーディ・ケイと共に、海外でのさらなる飛躍に努めてまいります。

ファンが偽物監視員――国内における偽物対策

ところで、国内では、偽物は出回っていないのか？　そんな疑問が湧いてきますよね。あるんです。残念ながら。

長引く利用許諾手続きに待ちきれず（申し訳なかったです！）、未許諾のまま商品化して店頭に並べるというのは序の口で、とても認めようのないデザインのくまモン商品が店頭に並んでいたり、ネットで販売されていたりすることがあります。悪質な者は、一般的な公務員が寝入っている深夜の時間帯にのみネット上で店開きをしていたりします。

しかし、これらについては、大変ありがたいことに、くまモンファンの方々が、もっぱらメールやツイッターで情報を寄せてくださるのです。丁寧に先方の連絡先を添えて。たとえば、「先日くまモンに会うために出動先の○○に行った際に、売店でこんなものを見かけました（写真添付）。これ、利用許諾番号がどこにも見当たりません。偽物かもしれませんので調べてください。商品に記載されていた業者名と連絡先はこれです（ここも写真添付）」

といった感じです。

おかげで私たちは、まずは許諾商品のデータベースに当たり、未許諾とわかればすぐに添付された写真にある事業者に連絡を取ることができます。そしてほとんどの場合、回収やホームページの削除に応じてくださいます。何より、日本語で対応できますからね。

ファンの皆さんのありがたみがわかるエピソードの一つです。

著作権といえば、こんなエピソードも……。

集英社襲撃事件？

二〇一四年四月、ゴールデンウィークを目前に控えた某日朝、出勤時間帯。一人の職員が漫画雑誌と思しきものを左手に掲げ、血相を変えて職場に飛び込んできました。そう、ここは職場です。

「大変です！ くまモンがパクられてます！」

と、見れば『週刊少年ジャンプ』。どうやら最新号のようです。

「今朝発売された号なんですが、見てください、ここを……」

と、バッグを置くのももどかしく、『週刊少年ジャンプ』22・23合併号を開いて見せます。

職員が集まります。すでに始業の鐘は鳴っています。

公務員が勤務時間に漫画？ と、お叱りの声をいただきそうですが、これもまた大事な仕事の一つです。……多分、これからの展開次第では。

「ここです。このうすた先生は、熊本の出身なんで、きっとくまモンを題材に取り上げたのだと

生とは……」
「いや、仮にもパクられた、と言いながら血相を変えて飛び込んできて、その、言わば犯人を先
「うすた京介先生です。何か？」
「先生？」
と、一気に捲《まく》し立てるのですが、
思うのですが……」

「あ、愛読者なもので」

「あぁ、だから見つけることができたんだ」

「一応、週刊の少年漫画雑誌は、すべて購読していますから……」

いるんですよ、こんな職員が。それが仕事に生かされるなんて、本人さえ思っていなかったの
でしょうが……。「人生に無駄はない」。どなたかの名言が頭をよぎります。

「しかし、これって、パロディの域を出ていないいんじゃないですか？」

と、知財を担当する職員が口を開きます。

「でも、ここを見てください」

と、ページをめくると、

「あぁ、これはくまモン本人だわぁ」

お得意の「振り返り」のポーズで描かれているのは、確かにくまモンです。

「編集担当を主人公にしているとは、集英社も確信犯だなぁ」

「今回熊本出身の尾田先生に『くまモンの読切り100P描いてもらおう！』という一大企画の実現のためにくまモンに取材を申し込んだ」「編集部小野寺宏次」が「どう見てもくまモンじゃないヤツ」に取材する羽目になるという「ゆるキャラ伝説　くまモンじゃないヤツ物語」。リードには、「熊本が生んだ奇才・うすた京介が、あの熊本のゆるキャラを描……かない⁉」（同誌からの引用）とあります。

「ちゃんと、『あの熊本のゆるキャラを描……かない』と断り書きもあるけど……」

「それで許せば、すべてオーケーになりますよ」

「しかし、『少年ジャンプ』だよ。そのジャンプがここまで大きく、くまモンを話題にしてくれるとは、なんともありがたいというか、……くまモンも成長したねぇ……」

「感心している場合ですか？　少年向けコミック誌としては、最大の二六七万部と、二番手の倍以上の発行部数を誇るジャンプですよ。その影響力を考えてください」

「部数まで覚えているの？」

「あ、愛読者なもので」

「『一応、週刊の少年漫画雑誌は、すべて購読していますから……』だよね」

「ええ」

「で、どうしろ、と？」

「ほっとくわけにはいかんですよねぇ……ちゃんと抗議しますか？」

「そうです。集英社の『少年ジャンプ』編集部に乗り込みましょう！」

「つまり……」

テーブル越しに課長を見あげる職員の眼光が鋭くなります。

「つまり、『少年ジャンプ』編集部には、くまモンを抗議に行かせるんだな？」

「はい。正面から抗議したら、お互い気まずくなるだけです。抗議には行くけれど、くまモンが抗議に行く。これが熊本県からのメッセージです。あとはジャンプ編集部がどう出るか。ガチになるか、出来レースになるか……」

「もちろん、言い出しっぺがついていくんだよね。くまモンと一緒に……」

今度は、その職員を見る課長の目が光ります。

「ええ、くまモンは話しませんから」

「と、なれば、あとは早い方がいい。ゴールデンウィークに入れば、編集部も休みになるだろう。見れば他のキャラも描かれているし、万が一にも先に動かれたらまずい」

「ツイッターはどうしましょうか？　くまモンにツイートしてもらって、先方の出方を見るのも、よろしいかと……」

と、別の職員。

「面白くなってきたぞ。早速、くまモンにもこのジャンプを渡して動いてもらって」

ゴールデンウィーク明けの五月九日、くまモンがジャンプを手に、ツイートします。

「おろ？　『週刊少年ジャンプ』に何か載ってるモン」

「なぬ？　ゆるキャラ伝説くまモンじゃないヤツ物語……とりあえずワンピース先に読むモン。おやくまー☆」

さらに、五月十一日。

「さて、ワンピースもソーマも磯兵衛も読んだし、例のくまモンじゃないヤツ物語をチェックくまするモン……ばっ！　くまもと出身のうすた先生が作者かモン！……ばっ！！！　これはいったいどういう事かモン！!?　もっとくましく読んでみるモン！　おやくまっ☆」

と、引っ張って、五月十二日。

「ボクの知らないところでジャンプに掲載するなんてショックくまだモン！！……もしもし！　集英社さんかモン!?……ばっ、通話中で繋がらないモン！　こうなったら今度直接、集英社に行ってみるモーーーーーーン!!」

さすがは『少年ジャンプ』編集部、これに、うすた先生だけでなく、「磯部磯兵衛物語～浮世はつらいよ～」などのジャンプ作品の公式ツイッターが次々に呼応し始め、ジャンプのファンの間から「くまモンとジャンプ編集部で何かが起こっているらしい」と話題になります。

お詫びが掲載された『週刊少年ジャンプ』誌面
（2014年6月30日号）

事件？ の後、うすた先生からいただいた色紙

こうなると、もう「出来レース」です。

十三日には、「抗議」のため、本当に『少年ジャンプ』編集部をくまモンが訪問したのですが、このときもまた連載作品や関係部署のアカウントが一斉にツイートを始めて、お祭り騒ぎになってしまいました。

しかし、くまモンはお祭り騒ぎを起こしに来たわけではありません。熊本県の意向はしっかりお伝えし、集英社もジャンプ編集部の公式サイトでお詫びを掲載し、訂正版の漫画についても掲載していただくことになりました。さらに、二六七万部のジャンプ本誌でも！

もちろん、最初からここまで意図したわけではありません。阿吽《あうん》の呼吸とでも申しましょうか。双方にとっていい形で収束することができました。

少年ジャンプ編集部で起きた一連のお祭り……もとい、くまモンの抗議の経過については、ネット上のまとめサイトで確認していただいた方が、臨場感があって楽しめます。ちなみに、この項の執筆に当たっては「ねとらぼ」で検索して当時の事実確認を行っております。あしからず。なお、この件は様々なメディアでも取り上げられました。地元紙『熊本日日新聞』の記事がとても簡潔にしてわかりやすいので、お許しを得て掲載します。

集英社、くまモンに謝罪　無断掲載騒動〝ゆるく〟決着

集英社（東京）は、人気漫画誌「週刊少年ジャンプ」にくまモンを無断転載したことについて、同誌の公式サイトで「くまモン氏にはご迷惑をおかけしたことを、ここに御詫びいたしますモン！！」と謝罪した。県は納得し、騒動は穏便に決着した。

問題となったのは、4月28日発売号の読み切り漫画「ゆるキャラ伝説　くまモンじゃないヤツ物語」。くまモンに見立てたキャラクターが登場するパロディーだが、本物そっくりのくまモンも描かれたため、県とくまモンが同社を訪れ、〝ゆるく〟抗議していた。

サイトはくまモンと集英社側の話し合いの経過を報告。本物が登場する場面の欄外に、県の利用許諾を表記した訂正版も読むことができる。

両者の和やかなやりとりは「出来レース」との憶測を呼んだが、県くまもとブランド推進課の成尾雅貴課長は「ジャンプを読んだ職員が初めて気付いた」と説明。訂正については「素早い真摯な対応に感謝する」と述べた。（潮崎知博）

（『熊本日日新聞』二〇一四年五月十八日付）

「くまモン頑張れ絵」もまた？

熊本地震後、動きが止まったくまモンの代わりに、漫画家の森田拳次先生が最初に動き出され、ちばてつや先生、さらには森川ジョージ先生と、どんどん輪が広がっていった「#くまモン頑張れ絵」。

自分で描いたくまモンのイラストをモチーフにして熊本にエールを送るこの運動は、漫画家だけでなく多くの皆さんに支持され、熊本では、ACジャパンのCMにも採用され、被災者を励まし続けました。

が、仕掛け人の一人、森川ジョージ先生は、著作権のことを心配され、

「くまモンを描こう！　と呼び掛けてしまったが著作権とかどうなっているんだ？　でももうやってしまった。後で怒られよう。とにかく被災地の皆様、救助の皆様、頑張って下さい」

と、ツイートされました。

また、森田拳次先生は、自画像に「ごめんなさい」の一言を添えて、ファックスで次の一文を送って来られました。

キャラクター製作者小山薫堂様

くまもとブランド推進課様
詫び状
私が版権違反者第一号の漫画家発火点の森田拳次です。日頃（公益）社団法人日本漫画家協会常務理事の役職にありながら違反を致しましたにも関らず寛大な措置をいただき有難度うございました
個人のけじめとして協会には理事長に「進退伺い」を提出する所存です。
日本漫画家協会常務理事　森田拳次
２０１６・４・20

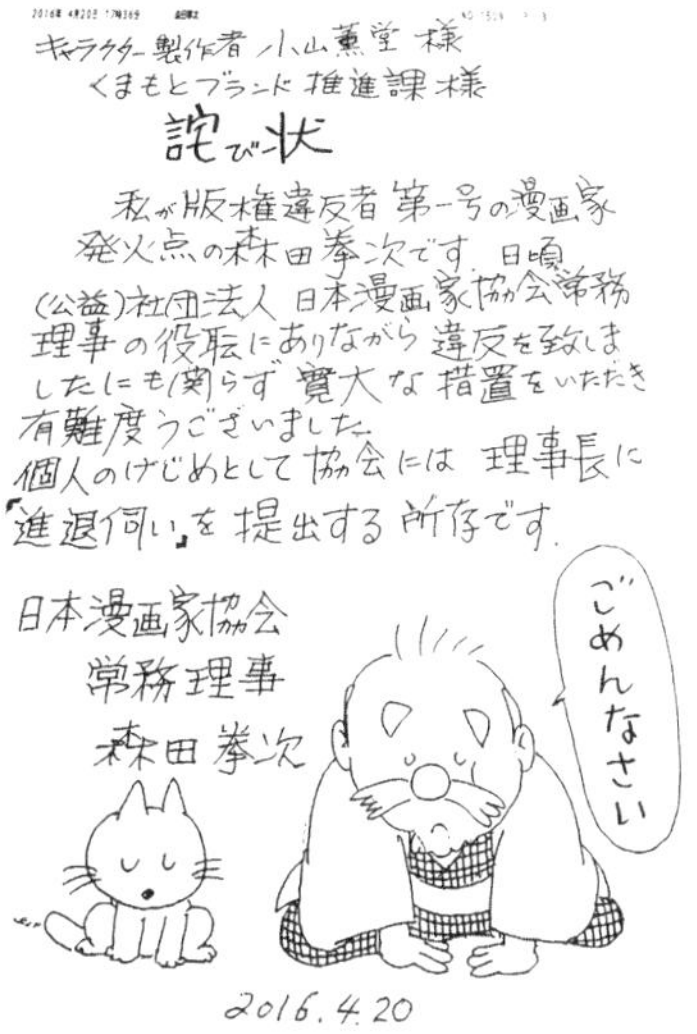
キャラクター製作者 小山薫堂 様
くまもとブランド推進課様
詫び状
私が版権違反者第一号の漫画家発火点の森田拳次です。日頃(公益)社団法人 日本漫画家協会常務理事の役職にありながら違反を致しましたにも関らず寛大な措置をいただき有難度うございました。
個人のけじめとして協会には 理事長に『進退伺い』を提出する所存です。
日本漫画家協会
常務理事
森田拳次

2016.4.20

森田拳次日本漫画家協会常務理事から届いたファックス

もちろん、私たちはこれを森田先生のユーモア溢れる対応と考えており、間違っても「進退伺い」を出していただいては困ります。

著作権法に基づき、「個人のＳＮＳやＨＰ、ブログなどの記事としてくまモンのイラスト（又は写真）を掲載する場合」には許可はいりません。この場合も原則として著作権の表記を求めていますが、今回は、

善意で応援していただいているので、仮に表記がないからと言って、とやかく言うことはありません。くまモンや熊本を愛していただいている証《あかし》ですので、ありがたくご好意として受け取っています。

これが公式見解で、お訊ねいただいた方々には、その旨をお伝えしております。

むしろ、このような形で、被災された多くの県民の皆様や支援に携わっている皆様の心の支えになることは、くまモンにとってもも幸せなことだと思います。

アニメとグッズと聖地巡礼

「アニメや映画でキャラクターの人気を高め、関連グッズを販売し、テーマパークやオフィシャルショップへの来場に繋げる」

ディズニー成功の要因の一つは、ここにあると考えています。言わば、「**成功の方程式**」です。

「聖地巡礼」として、映画やアニメの舞台となった場所や地域を積極的にPRすることで、ファンを呼び込み、観光客を増やしている自治体もありますし、そのために大河ドラマや連続テレビ小説の舞台を我が地域に、と各自治体が誘致にしのぎを削っていますが、制作会社やNHKは、そう簡単には応じてくれません。まして上映や放送が一過性のものとなれば、関連グッズの販売を含めこちらも一過性のものとなります。そうさせない工夫が必要です。

先の「成功の方程式」をくまモンに当てはめて考えると、

「アニメや映画などを国内・海外で展開してくまモンの人気を高め、関連グッズの販売や県産品の海外販路拡大を図り、くまモンのリアルな故郷、熊本への観光客誘客（聖地巡礼）に繋げ、宿泊や食事、お土産物を買っていただくことで、県内にお金を落としてもらう」

となります。

前者は、潤沢な予算を必要とすることから、民間大手にお願いする。後者は、熊本県が地元民間事業者と共に結果を出す。

この「成功の方程式」を、県が主導し実現する。好循環を継続させる。県が著作権と商標権を有する自前のキャラクターであるがゆえに可能になります。前例のない、自治体キャラクターの壮大な夢が始まろうとしています。

「挑戦する者にのみ、未来は開かれる」、孫正義氏の言葉です。

二〇一八年三月十二日、くまモンの誕生日に当たるこの日、『日本経済新聞』では「世界のくまモンへ、海外企業に解禁」として海外解禁に伴う一連の動きと今後への期待を掲載。その中では「スヌーピーなどのアニメキャラとは異なる、自治体ゆるキャラを前面に出した挑戦が始まった」とあり、「法政大学の青木貞茂教授は『日本を代表するクールジャパンの顔。熊本にキャラクター関連産業を集積させるなど、県は国と一体となってサポートしてほしい』と語る」とさらなる期待が記載されています。この期待にしっかりと応えていこうではありませんか。

第三章

欧州老舗ブランドとくまモン

MINIのイギリス・オックスフォード工場を訪問。
MINIくまモンバージョンが待っていた！（撮影・宮井正樹）

五秒で完売したテディベアくまモン――シュタイフ社（ドイツ）

欧州老舗ブランドとのコラボは、ドイツ・シュタイフ社のテディベアが初めてでした。といっても、これは私たちの企画ではなく、一熊本市民の情熱で実現した企画です。「すべての創造はたった一人の孤独な熱狂から始まる」とはこのことでしょうか。

「くまキャラは世界で通用する。くまモンを通じて熊本を世界に知ってもらいたい。テディベアの老舗シュタイフ社でくまモンのぬいぐるみを作ってもらうことができれば、素晴らしいじゃないか！」と、二〇一二年夏、ドイツ南部のギーンゲンのシュタイフ社を訪ね、直談判をされたそうです。

その熱意が通じたのでしょう。「熊本の熊はベアの意味、縁がある」と、シュタイフ社の内諾を得、当方に製作の許諾を得るため訪れられ、実現にこぎつけたわけです。

このように、この方は「欧州老舗ブランドとのコラボ」を意識していたわけではなく、「くまモンを通じて熊本を世界に知ってもらいたい」と考えての行動でした。

シュタイフ社は、一八八〇年に、ある一人の女性がフェルトで小さな〝ゾウの針刺し〟を作ったことから始まりました。その後、様々な動物のぬいぐるみを作るようになり、一九〇三年、クマのぬいぐるみをライプチヒの見本市で発表。これがアメリカ人バイヤーの目に留まり、海を渡ります。ルーズベルト大統領の晩餐会のテーブルディスプレイに使われ、セオドア・ルーズベルト大統領のニックネーム「セオドア＝テディ」にちなんで、クマのぬいぐるみは「テディベア」と呼ばれるようになり、一大ブームを巻き起こしました。つまりは、テディベアのトップブランドなのです。

創業以来の伝統を守り続けるために、厳しい管理のもとで、厳選された素材と熟練した職人によって一体一体手仕事で作られており、その証としてシュタイフのぬいぐるみには皆、その耳に、トレードマークである「ボタン・イン・イヤー」と、シュタイフタグが取り付けられます。タグにはシリアルナンバーが入り、限定品は一五〇〇体を上限としているそうです（以上、同社のホームページから抜粋）。

もちろん断る理由はありません。しかし、二〇一二年にスタートしたシュタイフ社のテディベアくまモンプロトタイプの制作は、困難を極めました。

実物のくまモンを見たことがない中、写真等の資料だけを頼りに制作が進められます。くまモン本人を前にしては話しづらいことですが、一般的なテディベアって鼻が高いんですよね。これを低くしないことには似てこない。言うのは簡単ですが、職人さんにとっては、どうしても作り慣れたテディベアとの違和感から思い切って低くできない。当方としては、せっかく作っていただくのだからできるだけ本人に似せたい……数回のやりとりを経て、完成は二〇一三年に入りました。

発売後わずか5秒で完売したシュタイフ社のテディベアくまモン

体長二八センチメートル、シュタイフ社のクラフトマンによるアンゴラヤギの毛を使った手作りのテディベアくまモンのお値段は、二万八〇〇〇円（税別）と決まりました。発売は二〇一三年五月。

これまでのくまモン商品と比べてもはるかに高額です。何体売れるのか、というよりも何体製作するか悩まれたそうです。上限は一五〇〇体。売れ残れば在庫を抱えるリスクがあります。今でこそ笑い話ですが、真剣に悩まれたそうです。

当時、キーホルダーや食品など、土産物としてのくまモン商品は溢れるほどありましたが、ここぞ！　という相手への、ちょっと値の張るくまモン商品は、ほとんど見られませんでした。それを求める声が確かにありました。

そのため私たちは、あまり心配することもなく一五〇〇体は完売すると考えていました。

具体的な発売日は、五月十二日零時にネット予約開始と決まり、十日金曜日に県庁で記者発表を兼ね、当時輸入販売元であったリヤドロジャパンの麦野豪社長が知事を表敬訪問しました。

この記者発表は、その夜ＮＨＫの全国ニュースで放送され、各方面に大変な反響を起こします。明けて十一日土曜日、ニュースを見た方々から直接リヤドロジャパンに電話が入ります。銀座の老舗デパートの外商にも。外商からはリヤドロジャパンに……。

「ぜひ手に入れたいの、お願いね」

と、お得意様から。

「ニュースで初めて知った。どうして事前に情報がなかったのか」、そして、「ところで、うちには何体回してくれるんだ？」

とは、デパートから。

もちろん、銀座リヤドロの店頭には朝から行列ができたそうです。

このように、関係者の想像を超える反応に大変な一日になりました。

週明けには当課にも様々な反応がありました。すでに前日十二日日曜日午前零時五秒には完売しています。総合すると、

「ほしいけれど高くて手が出ない。こんな商品を県として認めるな！」

「高くてもかまわないが手に入れたい。どうにかならないのか！」

といったものでした。

早くもネットオークションに出品され、一〇〇万円近い値段がついており、

「転売するとはけしからん！　そんな人に販売するな！」

といった声もありました。
当時の知事への報告には、次の記載があります。
・東京や熊本からの予約が多いものの、北海道から沖縄まで全国から予約が入っている。
・銀座にあるシュタイフブティックには、十二日朝、開店時に三〇人が予約のため列を作っていた。
・リヤドロジャパンとの取引がある三越や髙島屋等にも問い合わせが殺到。
・同時刻に受付を開始したウエディングアイテム社のホームページには、予約が殺到したためサーバーがダウンし、注文状況が把握できずにいるところ。

今回は商品の予約に過ぎず、手作りのテディベアくまモンは、まだ製作の過程にありました。出来上がったものから順次シリアルナンバーをつけて予約をいただいた方々の手に送られます。一五〇〇番目のテディベアくまモンが手元に届くのは十二月になると聞いていましたが、届くのを待つのも楽しみの一つなのかもしれません。

この年の七月、パリ郊外で開催されるジャパンエキスポに初参加するために、くまモンは初めてヨーロッパの地を踏むことになるのですが、これに合わせ、テディベアくまモンの故郷ドイツのギーンゲンにあるシュタイフ社では、自社のミュージアムにテディベアくまモンを展示するた

め の式典が執り行われることになり、くまモンも同席させていただきました。皆さんもぜひ、訪問して、テディベアくまモンに会っていただければ幸いです。

記者会見にお目見えしたシリアルナンバーのないプロトタイプのテディベアくまモンは知事室に飾られており、くまモンスクエアには世界に一つしかないビッグサイズのテディベアくまモンが展示されています。

このビッグサイズのテディベアくまモンは、五秒で完売というシュタイフ社始まって以来の事件！　に同社も驚き、翌二〇一四年七月に熊本を訪問された同社の創業一族の末裔に当たるクレア・シュタイフさんが本県にプレゼントしてくださったものです。

なお、参考までに記載しておきますと、シュタイフの日本総代理店は、二〇一四年から「株式会社MS1880」になりました。社名「MS1880」は、創業者マルガレーテ・シュタイフのイニシャル「M.S.」と、シュタイフ創業の年「１８８０年」に由来しています。

くまモンmeeets Baccarat――バカラ社（フランス）

テディベアくまモンの成功を「ラッキー！」や「やばい！」で終わらせることなく、「もったいない！」と思い「欧州老舗ブランドとのコラボ」にしてしまうところが「もったいない主義」のチームくまモンです。

実は、これと同じようなことは過去にもありました。

九州新幹線開業前にエースコックの新商品企画の提案に飛びつき実現したのが、くまモンが描かれた同社のはるさめカップ麺の太平燕味でした。

これで終わるのは「もったいない！」と、実現したのが「くまモン営業部長」です。

くまモンを営業部長に抜擢し、県産食材を関西の大手食品メーカーに売り込むという企画は、当初企業各社に理解されず（まあ、ゆるキャラが営業に出向くなんて非常識も甚だしいと、当時、私たちでさえ考えていたのですから）、訪問企業を探すのでさえ困難を極めました。

しかし、さすが大阪。洒落のわかる企業が受け入れてくださり、あろうことか商品化までしていただくことになりました。ご存じＵＨＡ味覚糖の「くまもと八代産晩白柚ぷっちょ」です。

これが先例となり、くまモン営業部長の企画意図が他社にも理解され、さらには「ゆるキャラグランプリ２０１１」で優勝したことも相まって、その後は、いくつもの企業がくまモンの訪問を快諾し、商品化が進むようになったのです。

このあたりについては、前書『くまモンの秘密』でも触れたとおりです。まだお持ちでない方、ぜひ、お買い求めください（笑）。

その後の活躍については本書でも取り上げていますが、ドイツ・シュタイフ社のテディベアの話が持ち込まれたときも、やはり「もったいない！」が頭の中に浮かんできました。

他にも欧米のブランドとコラボできないか？　くまモンのブランド価値を高めるために力を借

りたい。しかし、残念ながら飛び込みで営業を行うには、あまりにもヨーロッパは遠い！　そもそも何の伝手《つて》も持ち合わせていません……　いや、待てよ。

小山薫堂さんがいるではないか！

と考えていた矢先、小山薫堂さんから、バカラがくまモンを作りたいと言っていると紹介されました。二〇一三年五月のことです。

「あのバカラ！」

「そんなバカら？」（……あっ、きっとすべっちゃいましたよね。汗！）

バカラといえば、一七六四年、フランス東部ロレーヌ地方のバカラ村に、ルイ一五世の認可のもと創設されたクリスタルのラグジュアリーブランド。ヨーロッパをはじめとする各国の王侯貴族に愛され、母国フランスのエリゼ宮御用達。かつてはロシアのロマノフ家の御用達としても知られています。

熊本鶴屋百貨店のバカラショップでは、すでに「くまモンタンブラー」が販売されていましたが、これは鶴屋百貨店のオーダーによるもので、バカラが日本国内で展開している「ご当地タンブラー」の一つに過ぎません。とはいえ、私もしっかり購入しております。

今回のお話は、タンブラーではなく、くまモンのオーナメントをバカラがクリスタルで作るというもの。これまでバカラが手がけているスヌーピーやドラえもんなどに続くものです。

バカラパシフィックの小川博社長（当時）は、その理由を「楽しいでしょう」と小山薫堂さんに話されたそうです。なんともあっさりしたものですが、もちろん深い考えがあってのこと。後日、『日経トレンディネット』（二〇一三年十一月七日付「なぜバカラが『くまモン』を作るのか？」）で知ることになります。

一部を引用させていただきますと、

「世界各地で展開しているブランドでも、ローカルにフィットし、ローカルで伝えていくところこそが重要と考えます。私は全ての分野でグローバリゼーションが成功するとは限らないと思っています。その土地に根ざしたやり方で、丁寧に行っていくことが小売りには大事だととらえているのです」「世界の中の日本、日本の中の地方、それぞれにおいてローカルの特徴や良さを生かしながら、普遍的なブランドの思いを伝えていくことが、ブランドを強くしていくというのが私の考えです」

というわけで、バカラ社のクリスタル製のくまモンは、シュタイフ社のテディベアくまモンと並行して制作が進められることになりました。

その過程で、バカラパシフィックの小川社長から素晴らしいお申し出をいただきました。バカラ村にくまモンの製作過程を見に来ませんか？　というものです。

私たちは、二〇一三年七月にパリ郊外で開催されるジャパンエキスポに初参加をすべく準備を進めていました。フランスに行くのであれば、ロレーヌ地方にあるバカラ村まで足を延ばして工場を見学してもらいたいというのです。しかもゲストとしてシャトーに招待したいとのこと。

「シャトー！」

もちろん二つ返事でうなずきました。うなずくしかないでしょう、これは。

パリから車で八時間（くまモンも一緒ゆえ、もちろん公共交通機関は使えません）。郊外に出ればひたすら豊かな緑の大地が続きます。食料自給率一二〇パーセントを超える欧州連合（EU）一の農業大国……まさにフランスの国力を物語るかのような広大な田園風景が広がります。その豊かな風景の中を、フランス東部ロレーヌ地方のバカラ村まで高速道路をひた走り、参りましたですよ。参りますとも。

七月。初夏。澄んだ青い空と光に溢れる緑の大地。道路に沿って風になびく真っ赤なバカラのフラッグが私たちを出迎えてくれます。メインストリートを右折し緩やかな坂道を上がると、サッカーができそうな長方形の緑の芝生に覆われた中庭に辿り着きます。その中庭の周囲には、工場、古い教会を活用した美術館、ゲストハウスとなっているシャトー、そして工場で働く人たちの宿舎が建っています。窯の火を落とすことができないので、二十四時間三交代で働くために宿舎も隣接しているのです。そこに暮らす子どもたちが遊ぶ声も聞こえてきます。

当地で合流する予定の小山薫堂さんと水野学さんはすでに到着され、その後一緒に工場見学で

バカラのシャトーでクリスタルのくまモンにご対面

す。日本で言うならば人間国宝に当たるM・O・F（Meilleurs Ouvriers de France）の受章者が何人も働いておられるという工場で、型からクリスタルのくまモンが取り出されるところを見学させていただきます。

クリスタルでくまモンを作るのは、他のキャラクター同様高度な技術が必要とのことですが、バカラの職人の手によって試行錯誤の末、私たちが訪問したときは、すでに完成間近なくまモンと会うことができました。

クリスタルのくまモンのお腹には、太めのクリスタルが繋がっています。型の注ぎ口から流し込まれたクリスタルの残りです。これから切断し研磨されるのですが、私には生まれたばかりのクリスタルくまモンのへその緒に見えて愛おしくて仕方ありません。

その後、大きなシャンデリアを構成するクリスタルの制作現場やすでに火が落ちて久しいロシア窯などを見せていただきます。バカラはロシアのロマノフ朝御用達の窯元だったことを思い出しました。滅亡後百年を迎えようかとしている今日もなお、往時の姿をとどめています。歴史遺産ですね、これは。

この間、シャトーではディナー（ここはあえて「ディナー」と書かせていただきたい）の準備が進められておりました。日本から小川社長も来ておられ、一緒にテーブルを囲みます。グラス類は、もちろんすべてバカラです。

「皆さん、フランスは初めてですか？」

との小川社長の問いかけに、

「ええ」

と、私たちが答える中、

「僕も初めてです。今月は」

と、いたずらっぽく答えるのは小山薫堂さん。

出張期間中最も美味しい、というよりも、唯一美味しい食事をいただくことができました。もちろん、美食の国フランスですから、美味しい食事は至るところで食べることはできるのでしょうが、いかんせん、お値段が……。

さて、宿泊させていただいた部屋についても触れるべきでしょうが、シャンデリアをはじめとする調度品の数々、洗面所に何気なく置いてある口を濯《すす》ぐコップに至るまですべてバカラ！　と語るにとどめましょう。あまりにも自慢話になってしまいますので……。まあ、ここまでも十分自慢しちゃってますがね。

クリスタルのくまモンは、私たちのバカラ村訪問直後の二〇一三年七月、熊本の鶴屋百貨店でバカラ展が開催されるのに合わせ、「くまモン meets Baccarat」として日本で販売が開始されました。一体のお値段は、三万八〇〇〇円（税別）。先に発売されたテディベアくまモンより高く、当時は最も高価なくまモン商品となりました。

二〇一三年七月三十一日付の『スポニチ』では、次のように取り上げられています。

世界的に有名なフランスの高級ガラスメーカー「バカラ」が、熊本県のPRキャラクター「くまモン」のクリスタルガラス製フィギュアの生産を開始した。ゆるキャラでは珍しく、一体三万九九〇〇円。数万種に及ぶとされる「くまモングッズ」の中でも高価ながら、孫を持つ高齢の顧客層などに大受けで、予約が殺到しているという。

フィギュアは高さ約一一センチ。特徴的な黒い体や真っ赤なほっぺは封印され、全身透明。愛きょうある表情や、ふっくらとしたおなかは忠実に再現した。品質に厳しく、製造品の三割ほどは廃棄されるとされる高級メーカーらしい、精巧な仕様だ。

今月八日に、日本全国のバカラショップや、一部百貨店などで予約受け付けを開始。商品が届くのは十二月以降ながら「孫へのプレゼントに」「贈答用に」などの予約が集まっているという。

今月、パリ郊外で開かれた日本大衆文化の祭典「ジャパンエキスポ」に参加したくまモンが、「熊本県営業部長」として、パリから約四百キロ東に離れたバカラ村の製造工場を訪問したのがきっかけ。同社も「いま非常に勢いがあり、県から世界に羽ばたくダイナミックさに敬意を表した」。

キャラクターフィギュアとしては、全世界で販売中のスヌーピー（二万～三万八〇〇〇円）、ドラえもん（限定品、五万二〇〇〇円）、映画『崖の上のポニョ』のポニョ（東京・三鷹の森ジブリ美術館のみで販売、無色三万六〇〇〇円、ローズ六万六〇〇〇円）に続いて四体目。同社は「過去のどのキャラよりも好調な出足です」と話す。

もちろん、鶴屋百貨店だけでなく、髙島屋や伊勢丹をはじめ、全国のバカラショップが取り扱いましたが、残念ながら完売し、現在は販売されておりません。

パディントン　ベアが待っていた！――MINI（イギリス）

シュタイフのテディベアくまモンとバカラのクリスタルくまモンの話が並行して進む中、初のヨーロッパ遠征のスケジュール調整が小山薫堂さんも出席して行われました。二〇一三年五月のことです。

七月にパリ郊外で開催されるヨーロッパ最大の日本文化の祭典「ジャパンエキスポ」に初めて参加すべく準備を進める一方で、バカラ社からのご招待に加え、シュタイフ社からも、わずか五秒で完売したテディベアくまモンを本社に併設されたシュタイフミュージアムに展示する式典へのご招待をいただいております。

くまモン初のヨーロッパ訪問とあって、複数のテレビ局から同行取材の申し込みも受けています。水野学さんに焦点を当てた『情熱大陸』のクルーも同行します。

「くまモン、すごいですね。いよいよヨーロッパですか」

と、他人事のように話す小山さん。

「ボストンバッグを手に、パリに向かう飛行機に乗り込むくまモンの姿を、ぜひテレビ局に押さえさせたいなあ……」

……いやいや、それは大人の事情で無理でしょう。

「パリに行って、それからバカラ村、そして国境を越えてドイツですか。……『くまモン、ヨーロッパ歴訪』とするためには、もう一カ国くらい足を延ばしたいところですねぇ」

「いっそ、三カ月くらいかけて世界一周してきて、一皮むけたくまモンがタラップから降りてくる姿を日本の皆さんにお見せするのもいいかもですねぇ……」

……いやいや、ですから大人の事情で無理ですって。しかも一皮むけた日には……。そんなことより、国内のファンの皆さんを三カ月も放ったらかしにはできないでしょう……。

という話があったかはさておき、後日、小山さんからサプライズな電話がありました。

「ＭＩＮＩから、くまモンバージョンのＭＩＮＩをくまモンにプレゼントしたいと言ってきているんですが、どう思われます？」

「どう思うも何も、それってすごすぎません？」

「イギリスのオックスフォードにＭＩＮＩの工場があって、良ければご招待する、ということらしいんですが」

「小山さん、それって、フランス、ドイツにイギリスが加われば、まさに以前話していらしたヨーロッパ歴訪がコンプリートじゃないですか！」

なんだかトンデモないことになってきたと、課内が沸き立つ中、ちょっと待てよ、と冷静になることも必要です。

熊本県は、カーアイランド九州と言われる国内自動車産業の集積地の一角を占め、国内自動車メーカーの傘下企業が、多数立地しています。

その国内自動車メーカー各社を差し置いて、よりによって外国の自動車メーカーから寄贈を受けることになれば、国内メーカー各社が何と言うか……。

くまモンを預かるくまもとブランド推進課は、当時、県の組織では商工観光労働部に所属していました。商工観光労働部には企業立地課があり、企業誘致に他県としのぎを削っています。同じ部の中にあるくまもとブランド推進課が、他課に迷惑をかけるわけにはいきません。

おっとり刀で部長室に走ります。……ここで言う部長は「商工観光労働部長」でして、「（くまモン）営業部長」ではありません。念のため。

「……というわけで、どうしたものかと思い、相談に参りました」

「……わかった。悪い話じゃない。むしろ良か話だが、ちょっと時間をくれんや」

と、低く落ち着いた声の部長。もちろん営業部長ではなく、商工観光労……あ、しつこい？


部長の動きは速く、関係する企業の幹部に経緯を説明し、話をまとめてくれました。

「まあ、一言でいえば、どうぞ進めてください。ということだい。各社とも、『そのような話は、本来我が社が真っ先に提案すべきこと』と大人の対応を見せてくださった。感謝せんといかんな。というわけで、あとはしっかりやってくれ。……ところで、くまモンは、ＭＩＮＩに乗りきっとや（乗ることができるのか）？」

「……？」


今度は、県内にあるＭＩＮＩのディーラーに走ります。

「くまモン、入りません！」

「バンタイプは？」

「それも無理です！……それって荷物扱いじゃないですか！」

「…………」

「……オープンカーもありますが……」

「それだ！」

しかし、想像してみてください。オープンカーの助手席（もちろん、本人が運転するわけにはいきませんので）にくまモンが乗って、天下の公道を走る姿を。

周りの車に与える影響を考えると、事故でも起こされてはさすがにまずかろう、という話になり、プレゼントについては、泣く泣くご辞退することになりました。

他方で、イギリスのオックスフォード工場訪問については、着々と準備を進めます。くまモンが訪問する今年は、工場創立百年という記念すべき年に当たります。

いくら国内メーカーが大人の対応を見せてくださったとはいえ、何の理由もなく、ただ車をプレゼントするから来てくださいい、というお話に乗っからせていただくわけにはいきません。そこで、ストーリーを考えました。

イギリスといえば、くまキャラの先輩でもあるパディントン　ベアがいます。パディントン　ベアから「フランスに来るついでにイギリスにも遊びにおいでよ」と、招待状をもらい、パディントン　ベアに会いに行く。待ち合わせの場所のオックスフォードでは、パディントン　ベアがくまモン仕様のＭＩＮＩで登場し、プレゼントしていただく、というサプライズなお出迎えを受ける、というもの。

MINI Japan の松本亮さん（当時）が手を尽くしてくださり、本当にパディントン ベアから招待状をいただくことができました。正真正銘の本物です。さすがに国際的なキャラクターです。日本のくまモンには、日本語で招待状が届くのですから……。

さて、プレゼントは泣く泣くご辞退申し上げたのですが、ストーリーの上ではいただいたことになっております。ならばやはり、一度くらいはくまモンを乗せて公道を走らせたい。ということで、帰国後の七月二十四日、くまモンスクエアのオープニングに合わせて、くまモンがＭＩＮＩくまモンバージョンに乗ってファンの前に登場するという趣向を考え、実施しました。

通常の長さのシートベルトでは足りずに、特注までしたのはご愛嬌です。

ところで、天下のＭＩＮＩが、どうして縁もゆかりもないくまモンに白羽の矢を立てたのでしょう。この疑問については、後日、松本さんからお聞きすることになります。

ＭＩＮＩは単なる移動手段ではなく、エネルギッシュで楽しい、オーナーの相棒のような存在の車。同じく元気いっぱいで親しみやすいくまモンに協力してもらって、より幅広い層に訴求していきたいと考えた、とのこと。なるほど。

松本さんに会ってお話を重ねるうちに意気投合し、お互いに話が盛り上がり、今回のコラボ企画はだんだんと大きなものになっていきました。

最初は、七月中旬の三連休に合わせ、全国のディーラーで来場者に「(通称) くまモンＭＩＮ

I」のステッカーをプレゼントし、実物の展示は熊本県内のディーラーに展示するだけの予定だったのですが、県外のディーラーでも展示したいというのです。

「くまモンMINIのステッカーは大好評で来場者が一四パーセントも増えたんですよ。夏枯れのこの時期にこれはすごい数字です。くまモン初のヨーロッパ歴訪のニュースが効いているのは間違いないです。そこで、八月にはぜひ全国のディーラーでくまモンMINIを展示したいのですがいかがでしょうか？」

「それって、複数台作るってことですよね？」

「ええ、全国一一五店のうち七〇店で展示したいと考えています」

「ということは、七〇台？」

「ええ、そうなります」

「……こうしましょう。来場者の方々向けに、熊本の観光PRをしてもらえませんか？　ポスターやパンフレットはこちらで用意します。『くまモンMINIに乗って熊本に行こう！』みたいなイメージです。それなら県にとっても意義のある企画になります」

「来場者には来場記念品とか渡しますよね。それも熊本県産品にできませんか」

と付け加えるのも忘れません。

「なるほど……、それであれば当社にとっても既定の予算で対応できます。わかりました。上にかけあってみます」

おかげ様で、熊本とは縁もゆかりもない国内各地に点在するＭＩＮＩの一〇〇店のディーラーで（熊本フェアーは、実車を展示しなかった三〇店舗でも行われました）熊本の観光と特産品のＰＲを行うことができました。一円の県費もかけずに。

ＭＩＮＩにとっても、来店者数が前年比約一一〇パーセント増、新規顧客は一一八パーセント増という見事な結果となりました。

余談になりますが、当初、展示のみの約束だったＭＩＮＩくまモンバージョンですが、熱烈なファンの方々のぜひとも購入したいという声にお応えし、後日販売されることになりました。

その車に乗って、本当に熊本県までドライブに来ていただいた方々がいらしたのには、正直頭が下がりました。うち、お一方は、確か滋賀県の方だったと記憶しております。

ライカでカメラを作ってもらった！――ライカ社（ドイツ）

翌年、二〇一四年五月八日、いつものように県庁で小山薫堂さんとの打ち合わせです。

この日は、二年目となる七月のフランスはパリ郊外のジャパンエキスポ行きの話や、翌二〇一五年三月のくまモン誕生祭に向けた企画のご相談など、相も変わらず和気あいあいとした「雑談」が続きます。

「小山さん。来年三月は、くまモンが誕生してから五周年になります。誕生祭に向け五周年を意識した企画を仕込んでいきたいと考えているのですが……」

「もう、そんなになるんですね」

「はい。そこで、くまモン写真展を開催して、これまでを振り返るというのも……」

「篠山さんに撮ってもらえるといいですよね？」

「篠山さんって？　篠山紀信さんですか？」

小山さんが言うと、冗談に聞こえません。

「脱がせちゃうんですか？　くまモンを？」

誰だ！　突っ込んでくるのは！

「脱がせるわけにはいかないでしょう。すでに裸だし……」

小山さん、そこはスルーしてほしかった。

「お願い、できるんですか……？」

「カメラはどうしようかなあ……」

と、話は先に飛んでいます。宙を見ながら、独り言のようなつぶやき……。

「やっぱり、ライカだよなぁ……」

「……ライカって、あのライカですか？　小山さん、去年のジャパンエキスポのとき持参されていましたよね？　モノクロしか撮れないライカ」

『しか』、ではなくて、モノクロ専用のライカMモノクローム。あれは、ライカカメラジャパンが貸してくれたんですよね。そういえば、今年はどこか行くんですか？」

と、話はさらに先に、というよりも脱線していませんか、小山さん？

「今年もパリのジャパンエキスポに行くんでしょ？　他はどこか予定はないんですか？」

「昨年、シュタイフ社を訪問したときのご縁で、今年は六月下旬に開催されるシュタイフ祭りに招待されていますが、他はまだ何も……」

「シュタイフってドイツでしょ？　だったらライカに寄りませんか？」

「……（驚きで声が出ない）」

「ちょっと、待っててもらえますか」

と、携帯を取り出すと、どこかに電話を掛ける小山さん。すでに写真展の話が遠ざかっているのは皆さんお気づきのとおりですが、そこに話を戻していては小山さんについてはいけません。

「あ、どうも、小山です。ちょっとご相談があるんですが、今、熊本からなんですが、くまモンがライツパークを訪問させていただくわけにはいきませんか？」

と切り出し、あとはモニョモニョと……。そして、電話を切った後、

「今話していたのはライカカメラジャパンの社長さんなんですけど、検討してみるそうなので、後はどなたか直接連絡をして話を進めてもらえませんか」

ライカといえば、三五ミリフィルムカメラの草分け。カメラ業界のトップブランド。ニコンも

キヤノンもすべてのカメラメーカーが、ライカを手本とし、ライカに追いつき追い越せと開発にしのぎを削ってきたビッグネームです。

その堅牢さから、かつては戦場カメラマン必須のカメラとして知られ、数々のピューリッツァー賞をものにしてきたのもライカです。私の中には、ベトナム戦争時に「安全への逃避」というタイトルの写真でピューリッツァー賞他数々の賞を受賞した報道カメラマン沢田教一氏の名前が刻まれていますが、彼が著書のタイトルに掲げたほど信頼を寄せていたのがライカです（著書名は『ライカでグッドバイ』です、ご参考まで）。

と言っても、デジタルカメラが隆盛の今、ライカを知る人は相応の年齢の方々だけではないのでしょうか。何よりお高い。もちろんライカもデジタルカメラを発売していますが、フラッグシップのライカM型カメラは、ボディだけでも一〇〇万円レベルの代物。お手頃なライカCでも約一〇万円。なかなか手が出ません。

さておき、こうしてまさに目の前で、あれよあれよという間に話が進み、六月三十日、私たちは、晴天の青空を背景にメタリックシルバーの輝きも眩《まばゆ》いライカの新社屋が建つ「ライツパーク」に立っていました。

ライツパークはこの年、ライカの誕生から百年を記念して、ドイツのウェッツラーに新しく建設されたばかりです。前年（二〇一三年）に訪れたＭＩＮＩのオックスフォード工場も百年でした。くまモンは「持ってる」んですねぇ。

無機質とも思える近未来的な外観とは対照的に、ミュージアムにはドイツクラフトマンシップの象徴である歴代のライカが展示され、ギャラリーでは歴代のライカによって撮影された過去百年の世界の歴史がその息吹と共に切り取られて展示されています。

くまモンと共に展示室を回りながら、私は、今は亡き加藤和彦が作曲（作詞は松山猛）した「ライカはローリング・ストーン」を口ずさんでいました。私たちから上の世代では、まさに「ライカはボクのローリング・ストーン」なのです。

ちなみに、このタイトル、どこかで聞いたような？　と思っていましたが、そう、二〇一六年にノーベル文学賞を受賞したボブ・ディランの「ライク・ア・ローリング・ストーン」です。ボブ・ディランは、吉田拓郎だけでなく松山猛、加藤和彦にも影響を与えていたのですね。

さて、郷愁に浸るためにライカを訪問したわけではありません。営業です、営業。

ライカといえば、ブラックボディに赤い丸、おや？　どこかで？……そうです。くまモンにそっくり！……百年の歴史を誇る天下のライカに対して「くまモンそっくり」とは、何と厚かましい。

が、訪問前にリサーチしたところでは、ライカはポール・スミスともコラボしており、必ずしもコラボ商品についてははじめてではありません。何とあのちびまる子ちゃんとのコラボ商品も販売していることがわかりました。そういえば、ちびまる子ちゃんのお友達のたまちゃんのお父さんがいつも首からぶら下げているのがライカです。

そこで今回、ライカ本社訪問に当たり、久しぶりにプレゼンボードを制作し持参しました。ライカMのブラックボディに赤い丸を二つデザインし、KUMAMONの「M」とライカMの「M」を重ねて表示するといった意欲的なものです。

当方にとっては意欲的でも、ブランドマークの「M」を勝手にいじられるライカにすれば、良い気持ちがしなかったかもしれません。

が、当時のCEO、アルフレッド・ショプフ氏は、笑って応対してくださいました。

これが、実現すれば、ドイツ・シュタイフ社のテディベアくまモン、フランス・バカラ社のクリスタルくまモン、イギリス・オックスフォードのMINIくまモンバージョンに次いで四番目の欧州老舗ブランドとのコラボが実現します。

くまモンもさらに一押し、ということでくまモン体操（くまもとサプライズ！）を披露することになりました。……が、ここで？

場所は、メタリックシルバーの近代的な建物の正面玄関を入った受付前の広いエントランスです。開放的なガラスの壁面からは、外光が差し込み、あたかもステージに立ったかのような印象すら与えます。

最初、このステージで何が始まるのかと興味津々だったショプフ氏も、くまモン体操が始まると、腕組みをし、段々と顔が険しくなっていきます。秘書に向かって「彼らはここで何を始めたのだ？」と言わんばかりです。

確かにここで踊るのはいかがかと、まだ多少は常識を持ち合わせているカバン持ちは、やはりそうでしょうね……と思いながらも、カバン持ちはカバン持ちのお仕事をします。

「アルフレッド（と、実際にはファーストネームで語りかけたわけではありませんが、気持ちです、気持ち）、言い忘れていたが、この踊りは、日本の天皇皇后両陛下の御前で披露したこともあるのだ」

と語りかけると、にわかに眉間のしわが消え、

「そうか、日本のエンペラーに披露したダンスか！」

と、感心して見入ります。

皇室の威光は、かくもありがたきかな、と思った次第です。

ダンスが終わったときには、ジョプフ氏の頭には、勧められるまま被ったモンバイザーがありました。

このときの営業が実を結び、後日、「くまモンのライカC」が限定五〇台、「くまモンのライカM」はたった一台、それぞれ発売されることが決まりました。

二〇一五年三月のくまモン誕生祭に合わせ、お披露目と販売を開始しましたが、誕生祭会期中

の四日間で、「くまモンのライカC」は完売しました。売価九万九三六〇円（税込）也。

カメラのおまけには、ライツパークを背景にくまモンが立つポストカードです。くまモンの直筆サイン入りというサービス。くまモンファンの中には、このサイン入りポストカードのおまけがライカCだという不届き者も……。

ちなみに、世界でたった一台の「くまモンのライカM」は、小山さんがお買い求めになられました。私たちも、ネットオークションで転売されたりすることを考えると、小山さんには良い選択をしていただいたと感謝しています。でも、これってボディだけで一〇〇万円を超える代物ですよぉ。

今回もまた、思わぬスタートから、楽しい仕事ができました。

ところで、写真展の話はどうなったかって？　それは別の項で。

くまモン誕生祭で初披露されたくまモンのライカMとくまモンのライカC

ライカCのおまけにつけられたポストカード（撮影・宮井正樹、おまけは直筆サイン入り）

自転車工房デローザで職人技を学ぶ——デローザ社(イタリア)

二〇一五年三月、くまモン誕生祭も無事終了し、次年度に向け新たな取り組みを進める時期となりました。

誕生祭では毎年ビッグネームとくまモンがコラボしたサプライズ企画が定着してきています。振り返りますと、

二〇一三年は、森高千里が歌う「くまモンもん」

二〇一四年は、田中貴金属ジュエリーの純金くまモンとホンダモンキー・くまモンバージョン等

二〇一五年は、くまモンのライカCとライカM、ケロポンズの「くまモンとハッピーエクササイズ!」DVD

等々……ありますが、そうそう毎年続くわけでもありません。

しかし、かと言って、初手から諦めていては「らしく」ありません。

他方で、欧州老舗ブランドとのコラボについても、ドイツ・シュタイフ社のテディベア、フランス・バカラ社のクリスタル、イギリスのMINI、そしてドイツ・ライカ社と、独仏英以外にも広がりを見せたいと考えていました。

二〇一六年の誕生祭に向けて早々に仕掛けていかないと……。とはいえ、これまでの欧州老舗ブランドとのコラボについては、持ち込まれたものや小山薫堂さん頼みばかりです。

小山さんには、この年、五月下旬に開催されるカンヌ国際映画祭に、ショートフィルムを携えたくまモンを出動させるべく、お世話していただいており、加えて他のことまでお願いするのは憚《はばか》られます。そろそろ独り立ちをしたいところでもあります。

「スイスの時計なんてどぉよ」

「スウォッチあたりですかねぇ？」

「スイスなら本場のオルゴールで『くまもとサプライズ！』を奏でてみたいですね」

「ベルギーのチョコレートはどうですか？」

「独仏英なら、次はイタリアもありだなぁ……」

などと、それぞれが勝手なことを話し出します。

「今年は農林水産部が阿蘇の世界農業遺産絡みで、ミラノ万博への出展を決めていますよ。くまモンにも出動依頼があります。すでに予算も計上済みです」

「僕らの分は？」

「無論、ありません！」……残念！

「ミラノですかぁ……ファッションの街ですね」

「ファッションねぇ……」

「グッチ、フェンディ、ジョルジオ・アルマーニ……」

「プラダ……」

「ファッションはルイ・ヴィトンと決めているの。くまモンと組めるトップブランドなんて、アバンギャルドなヴィトンしかないでしょ！」

「こちらが勝手に決めても先方が……」

「あの村上隆がヴィトンとコラボしていたのだから、くまモンだって……」

「あの村上隆が、ではなくて、あの村上隆だからこそ、でしょ。そこは」

「村上隆さんは、UHA味覚糖ともコラボしているし、UHA味覚糖ならくまモンもコラボしているから、その村上隆さんがヴィトンとコラボしているのならくまモンだって……」

「一体、どんな三段論法ですか！」

そんないつものように取り留めのない話の中、

「自転車はどうですかね？」

「自転車？」

「イタリアは、サイクルスポーツが盛んですし、ミラノを中心とした北イタリアはハンドメイドの自転車工房が沢山ありますから、その中からくまモンを迎え入れ、ふさわしい一台を作ってくれそうなところを見つけては」

「今年の夏は、熊本を舞台とした『劇場版弱虫ペダル』が全国で上映されることになっており、くまモンにも登場してほしいとのオファーをいただいていますんで、良いストーリーができるんじゃないですか？」

「『弱虫ペダル』？」

「『コミックス累計発行部数一三〇〇万部突破、心を熱く、昂《たか》ぶらせる自転車ロードレースアニメーション。原作者・渡辺航書き下ろしストーリーで贈る、初のオリジナル長編映画』と劇場版のホームページにあります」

「『週刊少年チャンピオン』に連載されていて、テレビ東京でアニメ化されています。高校の自転車競技部を舞台にした、いわば今風スポ根アニメですかね。そのインターハイが今年は熊本の阿蘇で開催される、という設定です」

「知ってたの？」

「一応、週刊の少年漫画雑誌は、すべて購読していますから……」

いるんですよ、こんな職員が。それが仕事に生かされるなんて、本人さえ思っていなかったのでしょうが……。「人生に無駄はない」。またもやどなたかの名言が頭をよぎります。

「『弱虫ペダル』に出演し、自転車競技に目覚めたくまモンが、ミラノ万博訪問を機に本場イタリアで老舗の自転車工房の職人技を学ぶというストーリーなんてどうですか？」

「国内でもサイクルスポーツは盛んですし、新たな分野に進出できる良い機会じゃないですか」

「ストーリーはしっかりしている。サプライズ感もある。いいんじゃない！」

と、代替わりした課長もまた「いいんじゃない」とつぶやいたものの、

「ところで、シェアできる企業のアテはあるの？」

「ありません！」

「じゃあ、作って！」

「はい！……えっ？」

と、言うは易く行うは難し、でありまして……。


くまモンの活動が始まった頃、こうした夢物語はコーヒーブレイクの与太話として終わり、それぞれがデスクに向かい何事もなかったかのように仕事に復帰していたのですが、つまりは課長の「作って！（やって！）」もまたスルーされることがほとんどだったのですが（だって、土台無理でしょ、それは。いちいち付き合っていたら大変。課長も本気じゃないだろうし。との思いが強かったのかもしれません。……一体どんな組織なのでしょうね？）、最近では馬鹿正直に、ではなく、忖度《そんたく》……もとい、ちゃんと機微をわかった上で「皿を割る覚悟で」ダメ元でも当たってみることが多くなりました。

ダメ元でと書きながらも、くまモンがこれだけ有名になると、しかも手前味噌で恐縮ですが、チャレンジングな組織とのアナウンス効果や過去の実績もあり、電話やメールを差し上げると少なくとも聞く耳を持っていただける企業が増えたのも事実です。

この自転車の件もリサーチの結果、黒いボディに赤いハートが目印の「DE ROSA デローザ」に白羽の矢を立てることにして、国内代理店の日直商会にアポ取りです。

それはホームページの「お問い合わせフォーム」からメールを送るという、至極まっとうな方法で。

御担当者様

はじめてご連絡差し上げます。熊本県くまもとブランド推進課と申します。

突然の御連絡、誠に申し訳ありません。

私たちは、本県のキャラクター「くまモン」の運営・管理を行っている部署になります。

「くまモン」のこと御存知いただいておりますでしょうか。

私たちは、「くまモン」のブランド価値を向上させるため、これまでヨーロッパの各業種の老舗ブランドとコラボレーションを実施してきました。フランスのバカラ・クリスタル、イギリスのＭＩＮＩ、ドイツのライカカメラ、シュタイフのテディベアなど、「くまモン」をモチーフとした商品開発やプロモーションでの活用を行っていただいてきました。

今回ご連絡を差し上げましたのは、国際博覧会が開催されているミラノにくまモンがお伺いすることになり、重ねて別途国内での話題化の案件もありまして、自転車でのコラボレーションを御社にてご検討いただく可能性がないかと思ったからでございます。

「くまモン」は黒いからだと赤いほっぺが特徴でして、御社取扱いブランドの「DE ROSA」のロゴと近しいのではないかと勝手に思っているところです。

突然のことで誠に恐縮なのですが、興味をお持ちいただけるようであれば、一度ご説明に参りますので、御連絡をいただけると幸いです。

何卒ご検討よろしくお願いいたします。


この一通のメールからすべてが動き出しました。

日直商会の水口真二さんから前向きな返信をいただき、その後幾度かのやりとりを経て、無事に十月のミラノ万博に合わせたデローザ工房訪問が決まりました。加えて、水口さんからは、「くまモンのDE ROSA訪問Story に際し、くまモンカラーのDE ROSAを仕立てる予定です。Story 的にはくまモンがDE ROSAに訪問した際に、くまモン仕様の自転車を作ることで話が盛り上がり、十一月の自転車イベント『サイクルモード』でお披露目となるよう、考えています。また、二台制作してもらい、一台はサイクルモードの来場者プレゼント、もう一台はくまモンスクエアへの展示を考えています」

と、ノリの良い提案までいただきました。

ノリが良いのは、水口さんだけではありません。水口さんに紹介いただいた国内の自転車専門誌二社に、取材と掲載についての依頼メールを送ると、枻《えい》出版社の『バイシクルクラブ』編集部

の岩田淳雄さんからは、

「くまモン、もちろん知っていますよ！　そのくまモンがイタリアの工房を訪問！　まさに弊誌向けの企画じゃないですか（笑）！　弊誌はライバル誌と比較しても『鉄分』の多い雑誌として知られ、スタッフにも鉄の大好きな者が二名います。うち一人は自分でフレームを作っています。ぜひ本誌で取り上げさせてください」

と、これまたノリの良いメールが返ってきて、同行取材までも実現します。

ちなみに「『鉄分』の多い雑誌」とは、担当者が同社に送ったメールの「イタリアンスチール」に呼応したもので、自転車のフレーム素材を指したマニアックなやりとりですので、どうか関係者以外の方々は無視してください（汗）。

同誌二〇一六年一月号では「密着レポート@イタリア　くまモンデローザ工房を訪問」として六ページにわたり、くまモンの写真満載の記事が掲載されました。しかも、「TEXT：くまモン」と、くまモンが誌面で

ミラノの工房にてデローザファミリーと記念写真（撮影・宮井正樹）

レポートするという凝りようです。

また、「ライバル誌」の『サイクルスポーツ』（八重洲出版）でも「〝営業部長案件〟で突撃訪問!? くまモンデローザ訪問記（……の舞台裏）」と題してノリノリの記事が紹介されています。

媒体資料によれば、『バイシクルクラブ』は一五万部、『サイクルスポーツ』は二〇万部を発行していますので、延べ三五万人のサイクリストにこれらの情報が届けられたことになります。もちろん、SNSによる情報拡散もこれに加わります。

現地での歓待ぶりについては、両誌をご覧いただきたいところですが、お見逃しの皆様は、ぜひ、デローザジャパンのフェイスブック（www.facebook.com/Derosajapan）でご確認ください。

なお、このとき作っていただいた、世界でもたった二台しかないデローザくまモンバージョン（オーナー直筆サイン入り）は、日直商会の水口さんからご提案いただいたとおり、一台は、同年十一月に幕張メッセで行われた〝CYCLE MODE international 2015〟にて、くまモンも同席して多くのサイクリストの皆さんにお披露目し、幸運なお一人にプレゼントされることとなりました。そしてもう一台は、現在、くまモンスクエアに展示中です。

たった一通のメールが、くまモンのイタリア自転車工房訪問というサプライズを起こし、その代理店や専門誌、さらにはサイクルスポーツを愛する多くの皆さんとの間で、楽しさをシェアする。

もちろん、仕掛けた職員が得た達成感もまた得がたい喜びと信じています。

一緒に携わっていただいた日直商会の水口さんからは、後日「くまモンのDE ROSA訪問は、私の仕事人生の中でもトップクラスの楽しい企画でした」との感想をいただくことができました。

一歩踏み出してみたら、これまでと違った風景が見えてしまった。この風景を見たら、もう後戻りはできない。だからこの仕事は楽しくてやめられない。それがチームくまモンなのです。

くまモン、ポートレートを撮られる——スタジオ アルクール社（フランス）

二〇一六年の年明け早々、思わず瞬きしてしまうメールが飛び込んできました。

先方は、フランスはパリのスタジオ アルクール。

市井の民としては、アルクールと聞いてバカラしか思い浮かばなかったのですが、どうやらただ者ではありません。

ググってみると、一九三四年、パリで誕生。世界的な映画スターや有名スポーツ選手、政治家などを主な顧客とし、「フランスにおいては、スタジオ アルクール パリでポートレートを撮影しないうちは、スターではない」と、フランスの思想家ロラン・バルト（……残念ながら存じ上げません……）に言わしめるほどの写真館です。また、次のような記載もあります。

「スタジオ アルクール パリは、今をときめく世界中のトップ・セレブリティの最高の一枚を実現し、時代を超えて、流行に敏感で辛口なパリジャンたちを魅了し続けてきました。スタジオのサインが入った肖像写真は、フランスでは誰もが所有してみたいと憧れるステータス・シンボルで、パリのエスプリが効いた逸品です」

連絡をくださったクレアパリ（一般財団法人自治体国際化協会パリ事務所）所長補佐（熊本市派遣）である谷崎謙一郎さんによると、スタジオ アルクールは古くからＶＩＰ専用の名門写真館として知られたところで、フランスでは知らない人がいないほどの知名度があり、スタジオのサインが入ったポートレートは、それだけでステータスとなると言われているとのこと。実際、フランスの名画座などで売られている映画俳優のポートレートの多くはこのスタジオのサインが入っているようです。

そのスタジオ アルクールが、「今年もくまモンがジャパンエキスポ等でパリを訪問する機会があれば、撮影はいかがですか」と提案してきたのです。

スタジオ アルクールは、当時すでに東京と大阪の百貨店で出張撮影会を開催しており、それ以外の地方都市への進出も視野に入れてクレアパリと連絡を取り合っていました。

そのクレアパリには、佐賀県と熊本市から派遣されていた職員がいました。熊本市はフランスの南に位置するエクサンプロバンス市と姉妹都市を結ぶご縁があっての派遣でしょう。

ネット全盛の世の中にあっても、人が顔を合わせると、無駄とも思える様々な会話の展開から、いくつものアイデアが生まれ、思わぬ展開になるから面白いのです。

三者が会したこのときもそうでした（と、あたかも見てきたように書いております、失礼）。

谷崎さんの口から「くまモン」の一言が出てきました。きっと熱く語ってくださったのでしょう。「それ以外の地方都市」が「くまモンとのコラボレーション」に流れが変わったのです。

で、冒頭のメールになるのですが、こうした一連の流れを知らされないまま、私たちは、「あのスタジオ アルクールからオファーが来た！」となりました。

「あの」って、その存在を知ったばかりにもかかわらず「あの」はないのでしょうが、そこは筆の勢いというか、リスペクトの気持ちを込め……。

日本で事業を拡大したいスタジオ アルクールと、フランスでさらなる存在感を高めたいくまモン。クレアパリ事務所の仲介により、双方が繋がったのです。

これまでくまモンは、二〇一三年のドイツのシュタイフ社（テディベア）、フランスのバカラ社（クリスタル）、イギリスのＭＩＮＩ（自動車）、そして二〇一四年のドイツのライカ社（カメラ）といった欧州老舗ブランドとコラボをしてきましたが、いずれも先方のブランド力を借りてくまモンのブランドイメージを高めることを狙ってのことでした。そして、これらは小山薫堂さんなどのお力添えによるものです。

その後、二〇一五年のイタリアのデローザ（自転車）については、国内外でのくまモンの知名度アップを背景に、私たちが自前で連携先を開拓してコラボを進めることができました。

これまで国内では大手企業から様々なオファーをいただいてきましたが、今回は、遠く離れたフランスはパリの老舗から、直接ご指名をいただいたのです。背景にはくまモンを知っている熊本市職員がおり、佐賀県職員もまた背中を押してくれたことでしょう。私たちが直接携わらない中、くまモンが独り歩きし、オファーをいただく……また一つ、くまモンの共有空間が広がりました。

二〇一六年七月、二〇一三年以降四回目となるジャパンエキスポに参加するためシャルル・ド・ゴール空港に降り立ったくまモンは、移転したばかりのスタジオ アルクールに向かいます。

前年、二〇一五年十一月に起きた、パリ同時多発テロ事件では少なくとも一三〇人の死亡者、三五二人の負傷者が出、世界中を震撼《しんかん》させました。また、二〇一六年四月に起きた熊本地震でも多くの犠牲者が出ています。

これらの状況に鑑《かんが》み、一時期は渡仏を中止しようかとの意見も出ましたが、フランス国内でも熊本地震が大きく扱われ、ジャパンエキスポ関係者からは、くまモンの故郷熊本が大変なことになっている、支援の輪を広げようとの声が上がっていました。ジャパンエキスポのステージに立ち、この声に応えたい。加えて、自粛するよりも様々な活動を通して被災地熊本の皆さんに元気になってもらいたいとの思いが勝りました。

この年の五月にシャンゼリゼ界隈から移転したばかりのスタジオ アルクールが位置するのは、

パリ一六区。パリ西部に位置し、大きく蛇行したセーヌ川に東西を接しており、ブローニュの森を抱える、旧貴族や富裕層が住む高級住宅地として知られています。

新装なったスタジオ アルクールには、スタジオの他にも、某老舗ケータリングブランドがプロデュースする「カフェ・アルクール」をはじめ、セレブ写真コレクションを展示する「写真展示室」や歴史をたどる貴重な展示品を集めた「キュリオテック」も併設されています。

撮影に向かうスタジオ アルクールの美しい階段にてポーズ（撮影・宮井正樹）

が、カフェよりお仕事です。

プロジェクトスタッフの坂本京子さんに促され、オスマニアン建築の瀟洒《しょうしゃ》な邸宅に足を踏み入れます。真っ白に塗装された内装、緋色のカーペットを踏みながら階段をスタジオへと進みます。そこかしこに著名人と一目でわかる方々のポートレートが飾られています。

ここにくまモン？　いやそれはスタジオ アルクールも冒険がすぎるのではないだろうか？　と余計な心配をしてしまいます。

と、カバン持ちの心配を他所に本人はいたって平常心。あとはまな板の鯉ならぬ熊？　メークアップアーティストやカメラマンに言われるがままポーズを決め一流スター気取りです。

そこでは、白黒映画に使われた効果的な照明技術を応用することで奥行と立体感を際立たせるというスタジオ アルクールが創業当時から頑なに守り続けている独特な技法で撮影が進みます。

しかし、メークアップアーティストって必要だったのかしら？

それから三カ月後の十月五日、パリ一六区の新しいスタジオで撮られたくまモンのポートレートが、東京日本橋三越本店に特設されたスタジオ アルクールで初お目見えします。

カトリーヌ・ドヌーブやジャン・レノのポートレートと並び展示されています。中には高田賢三さんのお写真も。

もちろん、くまモン自身もいち早くその出来栄えを確認しようと同会場に足を運び、パリで撮影してくれたカメラマンとの再会も果たしました。

二〇一三年から毎年パリに通い続けて五年目。確実にその認知度は高まり、こうして形となって現れています。継続は力なり。受験生に限った格言ではありません。

そして今またフランスからは新たなパートナーからのオファーもいただいていますが、そのお話は別の機会に……。

チームくまモンの流儀 3 もったいない

ノーベル平和賞を受賞したワンガリ・マータイさんによって、一躍脚光を浴びたのが「もったいない」という言葉。

とはいえ、私たちが学んだのは小山薫堂著の『もったいない主義』です。

この中で小山さんは「少しデザインを変えるだけでグンと便利になる日常品。人を喜ばせるチャンスをみすみす逃しているお金の使い道。次に生かされないまま忘れられていく失敗。世の中の至るところで、引き出されないまま眠っているモノやコトの価値。それらに気づき、『惜しい』『自分だったら』と思うことこそ、アイデアを生む最大の原動力だ」と述べています。

チームくまモンにとって「もったいない」は原点で、行動規範の一つに「**常に『もったいない』を念頭に行動しろ!**」と入れたいくらいです。

「もったいない」からくまモン営業部長が誕生したように、海外老舗ブランドとのコラボもまた「もったいない」からどんどん広がりました。

ドイツ、シュタイフ社とコラボした「テディベアくまモン」は、私たちの発想からは生まれなかったと思います。一市民の熱意と行動力に押されて誕生することになりました。

ただ、そこで終わらせないのがチームくまモンです。『自分だったら』こう生かしたい」。「ドイツ、シュタイフ社のテディベアとのコラボ」を「欧州老舗ブランドとのコラボ」に普遍化して、フランスのバカラ、イギリスのMINI、ドイツのライカと展開していきました。

もちろん、小山薫堂さんという強力な味方がいればこそ実現できました。ただ、「何か面白いことができませんか?」といった漠然とした問いかけではなく、私たちからの「欧州老舗ブランドとのコラボはどうでしょうか?」との踏み込んだ一言が、小山さんの頭の中の数多くある引き出しの扉を開くことになったと考えています。ですよね? 小山さん。

いつまでも独り立ちしないままではいけない。**「仕事は自ら創るべきであり、与えられるべきではない」**と考え、自ら開拓し実現したのが、イタリアのデローザです。素晴らしい! 担当した職員を褒めてあげたいです。

各社はくまモンとのコラボ商品の売り上げやPR効果といった利益を享受し、熊本県はくまモンのブランドイメージが高まるという効果を上げ、ファンは欧州老舗ブランドによるくまモンの商品を手に入れることができる。「三方よし」の結果に繋がっています(県民の皆さんにとっては、熊本発のキャラクターが海外でも活躍し、話題になることが大いなる誇りに繋がっていることは、言うまでもありません)。

第四章

国内企業等とくまモン

ル・マンのMotoGPの会場でレプソル・ホンダ・チームを激励（撮影：宮井正樹）

営業部長案件とは

二〇一一年のＫＡＮＳＡＩ戦略では、熊本の農林水産物を関西の大手食品メーカーに売り込もうと、くまモンを営業部長に任命し、企業訪問をさせました。その結果、ＵＨＡ味覚糖やカゴメなどとの具体的な商品化に繋がっていきます。

その後、くまモンの認知度が高まる中、大手企業が、利用許諾申請の相談にくまもとブランド推進課を訪ねてこられるようになりました。

食品メーカーであれば、まず、県の農林水産物を使っていただくことを条件としています。そしてパッケージには、くまモンと共に県産品のＰＲをしていただく。ＵＨＡ味覚糖で培ったことを他社にもお願いします。

県では「くまもとの赤」を売り込んでいますので、トマト、いちご、スイカ、馬刺し、鯛、車海老等々、こちらから赤い県産品の情報を提供し、食材として使っていただくようにお願いするわけです。「くまもとの赤」が先方の意図する商品と合わない場合には、とにかくなんでも良いから県産の食材を使っていただくようにしています。

アジアで日本茶がブームとなれば、「くまもと茶」をお勧めします。

「赤」にこだわりすぎません。こだわるのは「熊本産」ですから。

熊本県産の食材であることや「くまもとの赤」とは何か、これらの説明を入れていただくことも、厚かましいと思いながらも提案していきます。

食品以外では、県産食材のＰＲはフィットしません。この場合、観光情報のためにパッケージの一部を提供していただけないか、とお願いします。

提案するのに費用はかかりません。自分の収入に繋がるものではなく、熊本県のため、と思えば、いくらでも厚かましくなれます。

企業にとっては、ロイヤリティフリーでくまモンを使えて売り上げが伸びる。私たち熊本県にとっては、県産食材の販路が拡大するし、県の施策のＰＲに繋がる。どちらにとっても損のない取引です。

ウィンウィンの関係であればここまでで十分です。

が、ここでお買い求めになるお客様にとっても、何か喜んでいただける仕掛けができないか？そこを双方で相談します。

「くまモンのイラストを一種類ではなく、いくつか採用していただくと、違った種類のイラストを見つけて楽しんでいただけます。その分売り上げも伸びますよ」

「商品を手に取ったとき、商品の下からくまモンのイラストが現れたら、サプライズで喜んでもらえるんじゃないですか？」

「いっそ外見は普通の商品だけれど、パッケージを開けたら内側にくまモンが現れる、なんてどうです?」

室外機のメーカーで十年、二十年と使い続ける商品では、外装にくまモンはふさわしくない場合もあります。何か使い道はないか? 数年に一度、定期的なメンテナンスは必要と言います。「定期メンテナンスのとき、カバーを外したら、内側にくまモンが描かれていて、『お仕事ご苦労さまだモン!』と添えてあるのはいかがですか? ふだんは目に触れませんが、メンテナンスの現場で働いている方がこれを見たら、少しくらい疲れが取れないでしょうか? エンドユーザーだけでなく、働く方々のことも考えてみられませんか? 何より、設置からメンテナンスまでの数年間、仕掛けたサプライズを待ってみるのも楽しいじゃないですか」

このような話を始めると、最初は腕組みをしていた企業の方も、だんだん目の輝きが増し、身を乗り出してこられます。


「最近、『他の人の喜びに寄与することが自分の喜びにも繋がる』ということが、ビジネス的にもサバイバルのコアになるのではないかと考えている」

これは、村上龍さんが、「ゴールドシグネチャー・アワード2014」の特別審査員を務められたときの発言ですが、これを聞いたときは、小山薫堂さんがいつも話しているサプライズと一緒だぁ! と思ったのです。

私たち「チームくまモン」は、くまモンを与えられただけでなく、小山さんが大好きなサプライズの世界に一歩踏み出してみたのです。すると、くまモンと共に様々なサプライズを仕掛けることで、喜んでくださる多くの方々の笑顔が見えちゃった。これって、やめられませんよ。だからこそ、多くの皆さんを巻き込んで、一緒にサプライズをして、その喜びを分かち合いたい。え？　話が暑苦しい？　いえいえ、厚かましいお話でした。

以下では、営業部長案件の中からいくつかエピソードをご紹介します。

日本コロムビア株式会社――「くまモンえかきうた」「ハッピーくまモン」他

日本コロムビアとの出会いは、「ゆるキャラグランプリ２０１１」で優勝した直後の二〇一一年十二月になります。くまモン体操を踊るときに流れる「くまもとサプライズ！」をＣＤ化しませんか」とのお話でした。「オリコンベストテン入りを約束します」とも。

「くまもとサプライズ！」は、今ではくまモンのテーマソングとして、体操を踊るときだけでなく、くまモン登場の際のジングルとしても使われるほどになりましたが、元はといえば、二〇一一年の九州新幹線の全線開業に向け、「県民にとっては当たり前でも、外から見れば驚くようなキラリと光る地域の宝を再発見し、おもてなしの心でお客様を迎えよう」という「くまもとサプライズ運動」の普及のために誕生したくまモンと、子どもたちをはじめとする多くの人たちとのコミュニケーションツールとして創作された、言わばご当地ソングです。

そのご当地ソングがオリコンベストテン入りとは……。

くまモンの大ファンという担当の方は福岡オフィスに勤務しておられ、大変な熱意を持ってお話をされました。

私たちも「オリコンベストテン入り」と言われ、色めき立ちました。

ただ、残念ながら、このときはお断りをするという決断をいたしました。

「迷ったらゴー」が合言葉のチームくまモンですが、「迷い続けたら一旦ストップ」することも大事です。

というのも、このときは、前後して他のメジャーレーベル二社からもお話をいただき（いずれも誰もがご存じのところですが）、それぞれくまモンに魅せられたという担当の方が、日本コロムビアの担当者同様熱心に、中には東京の本社からもお見えになり、熱く「オリコンベストテン入り」を語られたのです。

たとえて言うなら、広瀬すず、新垣結衣、有村架純の三人から同時に告白されたかのような、あるいは、嵐のメンバーそれぞれから内緒でデートに誘われたかのようなもので、完全に舞い上がってしまって、思考停止に陥ってしまいました。

思考停止に陥る前に、会議は踊りました。

「『オリコンベストテン入り』は確実としても、CDが発売になれば、東京をはじめとする全国のショップでのプロモーションに出動することになるのだろうか？」

「でしょうねぇ。売れてなんぼの世界でしょうから……」

「発売しただけで、ベストテン入りはないでしょ」

「テレビ出演は？」

「あるでしょうね」

「当然、そうなれば、様々な取材も受けることになりますよね」

「一躍全国区ですよ」

「県費使わずに」

「まさにサプライズな展開じゃないですか！」

「……ところでそれを誰が、コントロールするの？」

「ジャーマネ」

「いやいや、無理に業界用語を使わなくても……」

「我々には無理ですよ。業界のことなんて知らないんですから」

「先方が担当をつけてくれるんじゃないの？」

「それって、レコード会社任せってことですか？」

「くまモンが売れれば、熊本もついていくでしょ」

「くまもと色を出せるように交渉していけば……」

「様々なタレント同様、企業からＣＭの依頼もあって……」

「その間、地元での出動はどうするの？　そもそも我々の仕事はくまモンを売ることじゃないでしょう」

会議は踊り、進まないどころか、スパークしてしまい、思考停止に陥った次第です。

しかし、私たちには、あの人がいました。もとい、あの方がいらっしゃいました。

メジャーレーベル三社からオファーをいただいた件と私たちの懸念を、ありのまま小山薫堂さんに相談しました。

小山さんは、初めは「すごいですねぇ」と言って耳を傾けていましたが、話を聞き終わると、しばらくして、「今回のお話は、しばらく保留することにしませんか」と切り出しました。

「お話を聞いていると、（県庁の）皆さんがこれからくまモンを使ってどうしていきたいのか、その方向性が定まっていないようですよね。そこをまず決めてからでないと主体性を失ってしまうんじゃないかな。確かにこの三社からのオファーはすごいなと思いますが、くまモンが本物ならば、こうした話は、これからもきっと来ますよ。心配しなくても」

小山さんの言葉に内心ほっとする一方、後ろ髪を引かれる思いで、三社それぞれに、申し訳なさを前面に出しながらもお断りの連絡を入れました。

ホントに「こうした話」がこれからも来るのかなぁ、と、逃がした魚（魚というより鯨にたとえたいほどですが）のあまりの大きさにもったいなさを感じる一方で、私たちの処理能力を超えた事態に一つの解を得てホッとした次第です。

そして、取り掛かったのが「これからくまモンを使ってどうしていきたいのか」。

これについては、「勝負はこれから、『くまモンフェーズ2』」として前作『くまモンの秘密』で記載済みですので割愛しますが、背景にはこうした出来事があったのです。


前語りがだいぶ長くなりましたが（というのも、ここまでの話は、二〇一一年十二月から二〇一二年一月にかけての話でして、どちらかといえば前作の中でお話しすべき内容であったものですから）、長くなったついでに、この話には、続きがありまして、「こうした話」を小山さん自らが持ってきてくださいました。

くまモンに新曲が誕生しました。

二〇一三年三月十二日に初めて開催した「くまモン誕生祭」。ここで披露されたのが、ご当地熊本出身の森高千里さんが歌う「くまモンもん」。作曲はＫＡＮさん、作詞はＫＡＮさんと小山薫堂さんの共作、くまモンと一緒に歌う際の振り付けもあって、こちらは南流石さん。

もちろん、森高千里さんもステージに登場しました。

この曲は、同年九月二十五日にアップフロントワークスからＣＤとＤＶＤが発売され、「くまもとサプライズ！」もカップリングされました。メジャーデビューです。

小山さんの助言を得て三社の話をお断りしたわけですが、私たちの中でも概ね方向性は固まっていて、でも誰かに背中を押してもらいたかったのですが、ひょっとしたら、「くまモンが本物ならば、こうした話は、これからもきっと来ますよ。心配しなくても」と私たちに言われたことが小山さんの頭の片隅に残っていて、その責任感から今回の新曲の提案になったのではないかと。で、あるとすれば、逃した魚はホントに大きかったけれど、それ以上のサプライズとして返してくるのが、小山薫堂の小山薫堂たる所以だと、うなずいていたりします。

もちろん、小山さんが心配するまでもなく「こうした話」は、ホントにこれからも沢山持ち込まれることになるのですが、それは本書をお読みになればおわかりになると思います。

さて、日本コロムビアです。一年後の二〇一二年秋、再び連絡をいただきます。「くまもとサプライズ！」を離れ、子ども向けの歌、イメージCD、クラシック等々、様々なジャンルで、あるいは歌を離れ日本コロムビアとして、くまモンとのコラボを真剣に考えてくださっていました。

が、この頃はすでに、「くまモンもん」の話が進んでいたので、遠回しに、「来年（二〇一三年）三月十二日のくまモン誕生祭に来ていただけませんか？」と、お伝えすることしかできませんでした。

誕生祭後、四月に入り、三度目となる連絡をいただきます。このとき、

「子ども向けの展開をお考えになりませんか？」

とのご提案をいただきます。

「『くまモンもん』のお話もありましょうから、並行しての展開でもかまいませんが」

とも。

「百年後も愛されるキャラクターを目指して」、子どもの頃からくまモンに親しめる「何か」、たとえば、絵本や童謡など、子どもの頃に必ず通過するものを通して、くまモンを訴求できればとの思いが私たちにもありました。

三顧の礼を尽くしてくださった日本コロムビアにお応えできるのか？　本格的な打ち合わせが始まりました。

当時、知事も出席された、とある会合にいらしていた方から、「うちの子どもが、くまモンのえかきうたの歌詞を作ったので、これで曲を作ることはできないだろうか？」との話がありました。

日本コロムビアの制作担当者に尋ねると、「えかきうた」が子どもたちの間で流行っているとのことでした。

「えかきうた。いいね！」

「特定の方のものを採用するのは難しいでしょうから、公募にしましょう」

「せっかくですから、他にも何曲か新曲を作ります」

日本コロムビアからこれまでに発売されたくまモンのCD・DVDの数々

「ええ？　でしたら、くまモンスクエアのステージでも使えるものがあると、ありがたいのですが……」

こうしたやりとりが何度か継続し、えかきうたについては、同年十月三十日に、歌詞を全国から公募することを発表しました。

二〇一四年三月十二日、ご存じ、「くまモン誕生祭２０１４」で、「くまモンとあそぼ！」のＣＤとＤＶＤが発売されました。

「くまモンのえかきうた」
「くまモンタッチ」
「ハッピーくまモン」

などの新曲を含む全一〇曲が収められた、くまモン初のＣＤアルバムと、この三曲に「くまもとサプライズ！　～くまモンスクエアver.」を加えた四曲からなるＤＶＤもセットです。

ＤＶＤに収録されている曲はいずれも振り付けがなされていますから、これを見ながらみんなで楽しくくまモンを描いたり、ダンスしたりできます。

日本コロムビアの尽力により、全国放送でも取り上げられました。

もちろん、くまモンスクエアのステージでもこれらの曲が大活躍です。

同年七月は、再びパリ近郊で開催されるジャパンエキスポに行くことにしていました。

また、この頃になると台湾や香港等アジアに出かけることも多くなっていました。

私たちは、先の「くまモンとあそぼ！」に「ＨＡＰＰＹ　ＫＵＭＡＭＯＮ」が収録されていることを覚えていました。「ハッピーくまモン」の英語バージョンです。

そこで、今度は私たちから日本コロムビアに対して、

「ハッピーくまモンのフランス語バージョンと中国語バージョンを作っていただくことはできないでしょうか？」と提案しました。すると、

「それ、いいですねぇ」

と即答です。慌てて、

「もちろん、商品としての販売を前提に考えてください。つまり、お金はありません」

「それは十分承知しています」

……なんとも頼もしい限りです。

程なく、フランス語バージョンが出来上がり、音源を持ってフランスに旅立ちます。

市販化は九月十七日。一〇ページの歌詞絵本付きCD「コロちゃんパック　くまモンとあそぼ！」になりました（コロちゃんの「コロ」は、コロムビアの「コロ」だそうです）。

こうしたお付き合いが進み、信頼関係が深まる中、この年、二〇一四年度には広報課が展開した「くまもとの赤」プロモーション第二弾で、「くまモンとハッピーエクササイズ！」のDVD製作（二〇一五年三月十二日発売）について、また、翌二〇一五年度には、県も協力している地元民放の番組「出張！くまモンとかたらんね」のダイジェスト版のDVD製作（二〇一六年三月十二日に発売）について、こちらからお声をかけ、関わっていただきました。

これらについては、別の章で詳しくお話ししますが、このように、日本コロムビアとは、現在もなお、くまモンとコラボした商品の企画が続いています。

本田技研工業株式会社――ホンダモンキー・くまモンバージョン他

「くまモンがバイクに!?　すべては二〇一三年に熊本で開催された本田技研工業の社内イベントから始まった……」

というナレーションで始まるのは、熊本県大津町にバイクの国内生産拠点を持つ本田技研工業（以下、「ホンダ」と表記します）のオフィシャルホームページにある「Honda Movie Channel」

の『バイクが、好きだ。』モン」のシリーズです。

すでにご存じの方も多いと思いますが、「くまモン誕生祭2014」の会場で初お目見えとなったのが「ホンダモンキー・くまモンバージョン」通称「くまモンキー」。この誕生ストーリーが動画となってホンダのオフィシャルホームページにアップされているのですが、これは表向きのお話。

動画では、ホンダの伊東孝紳《たかのぶ》社長（当時）、蒲島郁夫熊本県知事、くまモンが出席しているホンダの社内イベントにおいて、くまモンにサプライズを仕掛けようと、本田技術研究所二輪R&Dセンターのモンキー担当者の発案で「モンキー・くまモンバージョン」を一台製作し、くまモンにプレゼントしたところ、蒲島知事が「量産して、いっぱい売ってほしい」と提案、これに伊東社長が「やりましょう！　商品化」と即答するところから始まり、後日、知事からくまモンが「くまモンキー」完成までの道のりを取材するようにとのミッションが与えられ、ホンダの工場に通いつめる……という流れになっています。

が、天下の大企業、ホンダの社長が、いくらなんでもイベントの場で即決するなんてありえないことくらいは皆さんもおわかりになるでしょう。

……と、次への伏線として書いたのですが、蒲島知事ならこのような会場であっても本気で「量産して、いっぱい売ってほしい」と言い出しかねませんし、あの本田宗一郎の遺志を受け継ぐホンダの社長なら、案外「やりましょう！　商品化！」と言いかねない……と思って素直にこの動画を見ている方がおられたら、それは一つの見識であります。

ただ、事実はもっと破天荒で、「くまモンキー」は、会場でも会議室でもなく、宴会の場で決まったようなのです。

二〇一三年八月下旬、飲み会があってほろ酔い気分で自宅に戻ったところ、携帯電話に一本の留守番が入っていたのに気づきました。部長からです。もちろん営業部長ではなく、本物の部長から……。

「あぁ、俺だ。この伝言を聞いたらすぐに電話をするように」と低くゆっくりとした部長の声。

「あれっ？　何かまたやらかしちゃったかな？」

と、心当たりはないものの、本当に心当たりはないものの、ならば「また」という表現は一体どこから湧いてくるんだ？　と自問自答しつつ、一瞬にして酔いが冷めるのを自覚しながら、即、電話をしてみると。

「おお、間に合うてよかった。実は今、ホンダの幹部の皆さんと飲んどって、くまモンの話になってな、ホンダさんとくまモンで何か商品化できんだろうかと、話が盛り上がって、ホンダにモンキーていうバイクがあるのを知っとるど、そのモンキーをベースに、くまモンをデザインして『くまモンキー』はどぎゃんだろか、てなって、早速ホンダさんが技術部門に電話を始めたもんだから、俺も誰かに電話をせなんなと思って、担当者に電話をしたとだったたったい」

「ならば、どうしてもっと明るい声で電話してくれないの！　いらぬ心配をしたでしょうが！」

とは、言えるはずもなく……。

（まあ、後日この話をしたところ、「何かやましいことでもあったつかい？」とかえって突っ込まれ……藪蛇《やぶへび》でした）

この年、二〇一三年五月には、ＭＩＮＩとくまモンがコラボする話があり、その際、部長には、国内自動車メーカー各社へ事前に根回しをしていただくなどお世話になっていました。

それゆえ、熊本に立地しているホンダのような企業とこそ、くまモンがコラボして何か寄与することができないか、との思いが、ずっとありました。

熊本に立地しているがゆえの優位性としての、くまモンの活用。さらには、企業誘致の決め手として、「熊本には、くまモンがいるから」と言わせたいものです。

さておき。事件は会議室ではなく、あろうことか宴会場で起きており、ホンダの創業者、本田宗一郎氏が生きておられたらびっくりしたかもしれませんが、「どんなに小さくても、気づいたこと、思ったこと、観たことを仲間に話したり伝えてみよう。アイデアはでてくるし、勇気もでてくる」という名言を残しておられる方ですから、案外、自らくまモンとのコラボについて、口を開いたかもしれませんね。

すでに上の了解は得られている事柄ですから、あとは動かすだけです。サプライズを念頭に、お互い楽しみながら、お客様にも喜んでいただけるようにと、もっとストーリー性を持たせたいと、ホンダの担当の方々と作り上げたのが、先の誕生ストーリーです。

くまモン誕生祭2018のモンコレでホンダモンキー・くまモンバージョンと共にポーズ

複数ある動画は、

「はじまりの巻　〜すべてはここからはじまった！〜」

「くまモン　新たなチャレンジの巻　〜くまモンキーに乗るモンキー〜」

というタイトルがつけられており、文字通り、くまモンがモンキーに乗り疾走するという、新たなフロンティアを開拓しています。

くまモンキーには、くまモンの立派なエンブレムがついており、車体にはあちこちに「隠れくまモン」がデザインされるというサプライズ感溢れる意欲的な作品です。キーもまた、くまモンです。バイクを作るだけでなく、専用のヘルメットに革ジャン、技術者魂に火がついたのでしょうか、凝るわ凝るわ……。

この「ホンダモンキー・くまモンバージョン」は、二〇一四年三月十二日のくまモン誕生祭で初公開となりましたが、お値段は、三一万二〇〇〇円（税別）。くまモン関連の量産品としては最も高額な商品となりました。……「サプライズ」から312千円。おわかりですよね。

同年四月十四日の販売開始を前にして、販売店からの予約受注がすでに年間販売予定数である五〇〇台を上回り、数カ月の納車待ちの状態になりました。

担当者のお話によれば、モンキーは毎年様々なバージョンを発売し続けているロングセラーのバイクで、それぞれ五〇〇台はコンスタントに売れていることから決定した数字とのことです。くまモンモンキーについては、発売前にその数字を超え、すでに一五〇〇台を上回っていると聞いています。

中には自治体に登録もせず、ナンバープレートがないまま大切に保管されているお客様もおられるとか……床の間にでも飾っておられるのでしょうか？


くまモンキーにより、ホンダとお近づきになった後は、ホンダが毎年日本各地で開催しているファン感謝イベント「Enjoy Honda」に全面協力。二〇一四年は、地元熊本でのイベントを皮切りに、三重県の鈴鹿サーキット（七月二十七日）、バイクのふる里浜松（八月二十三日）、東京モーターフェス（十月十日）にも出席。各地で多くのモータースポーツファンと交流を行いました（『バイクが、好きだ。』モン　二〇一四バイク旅の巻」で紹介）。

翌、二〇一五年もEnjoy Honda 2015のお手伝いをさせていただきましたが、この年は三月十二日のくまモン誕生祭のイベントとして、くまモンキーで市内をパレードするという企画が実現します。ホンダ熊本製作所の主催によるものです。

また、五月十六、十七日に、フランスはル・マンで開催されたバイクレースの最高峰MotoGP

（ロードレース世界選手権）に招待していただき、レプソル・ホンダ・チームのパドックを訪れ、ポールポジションを取ったトップレーサー、マルク・マルケスを激励するという栄誉を担うことができました。また、会場内を歩き回るくまモンが珍しかったのか、主催者のオフィシャルウェブにもくまモンがかなりの時間を割いて取り上げられ、ネットを通して世界中のモータースポーツファンに配信されたことは予定外の成果となりました。

これは、バイク好きの職員がいて、くまモンの欧州ツアー中に、ル・マンでMotoGPが開催されることをリサーチし、日頃付き合いのあるホンダの担当者から欧州ホンダにアプローチしてもらったおかげで実現したものです。

趣味を生かしてくまモンのフロンティアを広げることは、職員にとっても先方の企業にとっても、ファンや県民の皆さんにとっても悪いことではありません。三方よしの精神です。

本田宗一郎氏もまた「私はうちの会社のみんなに『自分が幸福になるように働け』っていつも言っているんですよ。会社のためでなく、自分のために働けって」と言っておられたとか。相通じるものがあるのではないでしょうか。

二〇一六年三月十二日、やはりくまモン誕生祭に合わせ、モンキーに続く第二弾として、ホンダジョルノ・くまモン バージョンを発売。今度は女性にも乗りやすい、ふだん使いできるスクーターです。ホンダとのコラボはまだまだ続きます。

ところで、本田宗一郎氏は、次の名言も残しておられます。

「人生は『見たり』『聞いたり』『試したり』の三つの知恵でまとまっているが、多くの人は『見たり』『聞いたり』ばかりで一番重要な『試したり』をほとんどしない。ありふれたことだが失敗と成功は裏腹になっている。みんな失敗を恐れるから成功のチャンスも少ない」

「みんな失敗を恐れるから成功のチャンスも少ない」とは、蒲島知事の「皿を割れ！」に通じるものがありますが、この名言は「多くの人は、どれだけ知識を身につけても、失敗を恐れて一番重要な『試したり』をほとんどしないから成功のチャンスも少ない」という文脈です。

私たち自身、小山薫堂氏をはじめとする様々な先達から多くを学んだだけでなく、「試したり」してみたことが、くまモンの成功に繋がっていると思っています。一歩踏み出してみたら、違う世界が見えてしまった。そんな気がしてなりません。

本田宗一郎氏は「人間が進歩するためには、まず第一歩を踏み出すことである。長い目で見れば人生にはムダがない」との言葉も残しておられます。

成功している方が言っていることは、昔も今も変わらないんですね。

日本銀行熊本支店――「龍馬伝」を凌駕する（くまモンの経済波及効果）

二〇一三年九月上旬、そろそろ来年度予算要求に向けて準備を始めなければならない季節がやってきました。

今年度の実績をもとに、高い費用対効果を具体的に示して、来年度の予算獲得に繋げたいところです。

もちろん、くまモンの目覚ましい活躍ぶりは予算を司る財政課の目にも留まっていますし、何より知事が十分に承知していることですので心配はしていないのですが、だからと言って胡座《あぐら》をかいて「くまモンは、ギャンして、ギャンなって、ギャンだけん（ああして、そうなって、こうなので）、よろしく」などと漠然とした説明で済ませるわけにはいきません。公務員なので。

「一体、これまで取材を受けた雑誌や新聞などの広報効果って、どれくらいになるんだろうね？」

ふと、漏らす一言。

「調べろ！　なんて言わんでくださいね。そんな暇どこにもないですから！」

「誰もそんなぁ……」

「二〇一二年の二九三億円にしても商品売上額であって、他にも広告効果とか経済波及効果はちゃんとした計算方法があるはずで……」

（今度は黙ってにらみ返す職員を横目にしながら）

「野村総合研究所かどこか、この手のオーソリティーに頼めんもんかねぇ……」

「そんな予算つけてくれるわけないでしょ！」

「（あっ、ツレない、と言い出せず）だよねぇ……」

課題山積の中、一つずつ、というより、ほとんどすべてを並行して片付けながら、攻めのプロモーションをやらねばならないとなると、振り返って成果をまとめ検証する暇など、どこにもありません。できれば予算編成時期までに、なにがしかの具体的な成果を資料として添え、来年は一気に予算倍増！　と行きたいところですが、年度末に向けた一年間の成果でさえ、あれをした、これをしたと、行動指標に終始するしかなさそうです。

数値的なものとしては年間の売上額がありますが、それは企業の皆さんの協力の賜物であって、ファンをはじめとする購入者の皆さんのおかげに過ぎません。

「いっそ、『販促会議』みたいに、ネームバリューのあるシンクタンクか大学の研究室が手弁当でやってくれんもんかねぇ」

届いたばかりの『販促会議』十月号のページをめくりながら、思わずつぶやきます。

今月号は、「キャラクタータイアップ販促特集『くまモン』全25企画の売り上げ、効果を徹底検証！」と、表紙にくまモンのイラストを使い、全二四ページにわたる文字通りの徹底検証が行われていますが、コラボした企業側からの視点が中心です。私たちがほしいのは熊本県にもたらした見える効果です。

「いくらなんでも、そんな奇特なところがあるわけないでしょう」

そうです。ところが、「そんな奇特なところ」が、おわしましたのです。しかも日本最高のシンクタンク。日本銀行。

同年九月二十五日、部長室から呼び出しを受け、おっとり刀で駆けつけると、そこには初めてお会いする、日本銀行熊本支店の支店長と総務課長。名刺交換の後、支店長から、

「日本銀行熊本支店の総力を挙げて、熊本県のPRキャラクターくまモンが、過去二年間に熊本県にもたらした経済波及効果を調査したい」

とのお言葉。

過去二年間とは、くまモンが「ゆるキャラグランプリ２０１１」で優勝した二〇一一年十一月から二〇一三年十月まで、とのこと。

「ついては、関係資料一式を御貸与いただきたい」

鳩が豆鉄砲を食ったような顔をしながら、思わず部長に目をやれば、

「ありがたい申し出なので、全面的に協力するように」

と、低くゆっくりとした威厳のある声で、言わずもがなの言葉をいただき、

「合点承知の助だい。ありがたいねぇ、全部持っていきやがれぇ」

と、江戸っ子では決してない、生粋の熊本人が、そう答えようはずもなく、しかし、心の中を表現するには、他に言葉の選びようもなく、白むのを承知でこう表現させていただきます。

とはいえ、提供できる資料には限りがあります。年間の関連商品売上調査の他、主だった雑誌と新聞の切り抜きはあるものの、テレビやラジオ、県外の新聞社の資料は保存していません。

その欠けた部分は、日本銀行熊本支店が県内の各報道機関に働きかけ、NHKをはじめとする全社から関係資料を収集し、作業に入りました。さすが、天下の日銀です。ただ、残念ながら県外のマスコミにまでは手が回らずじまいなのですが、これにはちゃんとしたわけがあります。

三カ月後。暮れも押し迫った十二月十九日、咆《ほ》える二頭の雄ライオンが六個の千両箱を踏みつけて後足で立ち、日本銀行のシンボルマーク「めだま」を抱えた紋章も眩い「Bank of Japan Kumamoto Branch」の「くまモンの経済効果」と題する調査報告書が、総務課長の手によって届けられました。記者発表は十二月二十六日とのことです。

その概要は、

・熊本県PRキャラクター「くまモン」が過去二年間（二〇一一年十一月～二〇一三年十月）に熊本県にもたらした経済波及効果を試算すると、一二四四億円となった。

・また、同じ期間において、くまモンがテレビや新聞に取り上げられたことによる広告効果

（以下、パブリシティ効果）は、九〇億円以上と見積もられる。
・これらの経済効果は、その規模や県経済への影響、費用対効果等の観点からみて、相当大きいものと評価できる。
・今後については、くまモンが熊本県の認知度向上や県経済の押し上げ等に持続的に貢献することができるかが注目される。

（以上、資料原文のまま）

と、私たちにとっては、満点以上の評価が得られました。

特に、具体的な「評価」の項では、

「二〇一二年分の経済波及効果（五〇八億円）を他府県におけるNHK大河ドラマ等の経済波及効果と比べると、それらの平均値を大幅に上回っており、最も大きい「龍馬伝」の効果（高知県、五三五億円）に近い規模となっている」

と、大変わかりやすい評価まで記載していただいています。

ちなみに、二〇一三年は、対象が一月から十月までで、年間の数字が出ていませんが、十カ月間で「龍馬伝」を凌《しの》ぐ七二九億円となっています。なお、先ほど「ちゃんとしたわけが」と書きましたが、大河ドラマの経済波及効果と比較するためにも、同じ調査方法が採用されたために、県外での報道は除外されたのです。

さらに次のような記載も。

「県内総生産を約〇・五ポイント押し上げる効果を有する」

「パブリシティ効果は、二〇一三年度予算の約二五倍となっており、県のPR事業としての費用対効果は高いと考えられる」

「これらの経済効果は、その規模や県経済への影響、費用対効果等の観点からみて、相当大きいものと評価できる」

「県のPR事業としての費用対効果は高い」

なんと素晴らしいお言葉！

調査結果が届けられた翌日は、来年度予算要求のための財政課長査定の日です。新たな資料として、この報告書を誇らしげに持参したことは言うまでもありません。

株式会社タミヤ――ミニ四駆・くまモンバージョン他

プラモデルで知られているタミヤが世界的な企業であることは、あまり知られていないのではないか？　と書き出せば、ファンの方々からお叱りをいただきそうですが、幼い頃ホンダF1やサンダーバード2号のプラモデルを組み立てたことのある私でさえも、その程度の認識でした。

しかし、二〇一五年一月某日、静岡市にある本社に向かう新幹線の中で、田宮俊作会長の著書を読みながら、実はすごい企業だったと認識を改めた次第です。ここでは、そのタミヤとくまモンの話をさせていただきます。

「プラモデル」と一言で片付けてしまうことができないほど、タミヤは模型メーカーとしての矜持《きょうじ》を持っておられます。たとえば、第二次世界大戦中のドイツ戦車のRC（ラジオコントロール）モデルを作るに際して、タミヤはフランスのソミュール戦車博物館を訪問し、今はここに展示してある一台しかない走行可能な車両に燃料を入れてもらい、エンジン音やキャタピラーが回転する音など様々な機械音をデジタル録音し、それを再現するモデルを開発したり、あるいは、本物のポルシェを一台買ってきて分解して研究し、プラモデルの設計をしたりとか（実際に本社には組み立て直したポルシェが展示してあります！）、さらには、戦場ジオラマには欠かせない兵士のフィギュアの原型は、芸大出身の彫刻家に依頼して、日本兵、アメリカ兵、ドイツ兵等々個別に骨格・表情を再現し作ったとか、こうした話は枚挙に暇《いとま》がないほどで、いかに本物志向で製品開発をされているか、おわかりいただけるものと思います。

それゆえ、各国の自動車メーカーや軍隊の幹部の執務室に置かれているプラモデルの多くがタミヤ製であると言われても、さもありなんと思ってしまいます。

その株式会社タミヤの会長、田宮俊作氏が大のくまモンファンで、タミヤのオリジナルにして、一九八二年の発売以来ロングセラーを続けているミニ四駆のドライバーにくまモンを採用していただき、「ミニ四駆・くまモンバージョン」が発売されたのが二〇一四年八月。

その売れ行きたるや、「当初販売時の瞬発力は、二〇〇〇年以降のミニ四駆製品ではトップに位置しています。レースでいえば、ゼロヨン記録保持者ですね」と、後日担当の方に言わしめる結果となり、ミニ四駆に続き、電動RCトラクター・くまモンバージョンを、同年十二月に発売していただくことにもなりました。しかも、私たちの提案を受け、大きなパッケージの一面には、熊本県内一二カ所の観光名所を紹介していただくという念の入れようです。これだけ広いスペースをいただければ、阿蘇や熊本城だけでなく、通潤橋など県下各地域の観光名所を紹介することができます。大変にありがたいことです。

そのお礼を兼ねて、本社訪問をさせていただいたのですが、そこに当初予定になかったにもかかわらず、わざわざ会長がお見えになり、一時間にわたりくまモン愛を語ってくださったのです。……相手は一介の地方公務員。なんと恐れ多い。

このミニ四駆、実はフィリピンの工場で作られていて、五〇〇〜六〇〇人もの女性工員がドライバーになっているくまモンの顔を描いているのだそうです。

プラモデルを作ったことがある人ならわかると思いますが、プラモデルの塗装は、買った人が自ら行うのが一般的で、筆で塗料を塗ったり、模様が印刷されたシールを部品に貼るわけですが、「それではくまモンの顔が崩れる」と会長が心配され、手間はかかるものの出荷段

初代ミニ四駆・くまモン バージョン

階でちゃんとした「くまモン」となるよう、熟練の工員さんに塗装をさせているとのこと。心からくまモンを愛しておられるんだなあと、嬉しくなりました。

この日のために、過日、県庁のプロムナードで撮ったくまモンが、RCトラクター・くまモンバージョン（麦わら帽子姿のくまモンがハンドルを握るトラクターバージョン）を操作しているビデオをお見せしたところ、殊の外、喜んでいただきました。

会長は、わざわざ秘書を呼び寄せ、くまモンとツーショットの写真をパネルにしたものを持ってこさせ、嬉しそうに見せてくださるだけでなく、『熊本日日新聞』に連載されているくまモンの四コマ漫画見たさに、一日遅れで『熊本日日新聞』を購読しているといったことも話してくださいました。そして、

「タミヤの評価はこれまで『カッコいい』がすべてだった。お客は、ほぼ一〇〇パーセント男性。だからそれで良かった。ところがくまモンのミニ四駆を発売したところ、多くの女性ファンが購入してくださり、『カワイイ』と言ってくれた。そうか、『カワイイ』という評価の物差しがあるのだ、と気づかせてくれた。くまモンはタミヤに『カワイイ』という新たな価値観を与えてくれた」

目を細めながら話してくださる会長の姿に触れ、くまモンは素晴らしい方と出会えたなぁと感謝した次第です。

ぜひ、遠からずフィリピンのタミヤ工場を訪問し、作業に従事する工員の方々にも本物のくま

モンに会っていただきたいものだと、心に誓った次第です。

タミヤとはその後も、RCバギー・くまモンバージョンの発売（二〇一五年六月）等々、現在に至るまでお付き合いが続いております。

テレビ熊本×日本コロムビア――DVD「出張！くまモンとかたらんね」

二〇一六年年三月十二日、ご存じ、くまモンの誕生日に、くまモンのDVDが日本コロムビアから発売されました。内容は、これまでに地元テレビ熊本（フジテレビ系列）で毎週木曜日に放送された「出張！くまモンとかたらんね」のダイジェストというか、くまモン名珍場面集になっています。

テレビ熊本には、地元民放四局の中でいち早く、くまモンのレギュラー番組を開始していただきました。オファーがあったのは二〇一一年一月。新年度の四月から夕方のローカル情報番組「TKUスーパーニュースぴゅあピュア」で、毎週金曜日に「くまモンキャラバン」と題して、くまモン県下各地を回ってそれぞれの現場から地域の元気を届けるコーナーを開始したいので、くまモンの力を借りたいというものでした。生放送です。

県内各地からは、くまモンの出動依頼が多数寄せられるようになっており、私たちも年間を通して県下各地を回ることができるこの企画に乗ることにしました。

当方からの条件は、四五市町村を必ず一年間で回ること。年間五二週のうち、年末年始等多少特番に充てられる週が出てくるにしても、全市町村を回ることは可能です。行政的な配慮でもあります。

翌年度からは、新しくスタートした情報ワイド番組『英太郎のかたらんね』に移り、放送も金曜日夕方から木曜日の午前に、タイトルも『出張！くまモンとかたらんね』になり、今日に至っています。が、オガッチこと緒方由美さんや太田弘樹さんとの掛け合いはスタート当時から変わっていません。以下は、DVD「出張！くまモンとかたらんね」紹介ホームページからの引用です。

『英太郎のかたらんね』とは…

テレビ熊本で放送中の人気情報生ワイド番組。放送時間は月曜日〜金曜日 9：50〜10：50。（フジテレビ系列平日昼前の情報番組枠、祝日にも放送有り）2013年4月1日放送開始。「熊本のワクワクする情報と人々のふれあいをゆた〜っとみてハイヨ」をテーマに、熊本のあらゆる話題や情報を視聴者に提供している。番組名の「かたらんね」とは、熊本弁で「仲間に加わりませんか」という意味を持つ「かたる」と、「一緒に話しませんか」という意味を持つ「語る」という2つの言葉が掛け合わされている。

メインキャスター：英太郎・本田千穂（TKUアナウンサー）

『出張！くまモンとかたらんね』とは…

「英太郎のかたらんね」木曜日のレギュラーコーナー。担当リポーターの太田弘樹・緒方由美とともに、くまモンが熊本県内の観光SPOT、人気SPOTに出没。くまモンのやんちゃな暴れっぷりやコスプレが大人気で、県外のくまモンファンからは伝説的な番組として注目を浴びている。

同年四月番組開始。やんちゃなくまモンがオガッチこと緒方由美さんと生放送で様々な事件を起こすことになります。二〇一五年七月六日に「草彅剛の第二四回がんばった大賞（フジテレビ）」で全国放送され、木村拓哉さんが「これはヤバイな～」と唖然としつつも、抱腹絶倒した「餅つき機事件」もこの番組で起きたものです。

くまモンファンが全国さらには海外にまで広がる中、この番組はツイッターなどでもつぶやきがあり、県外の多くのファンの皆さんに話題を提供することになりました。

県外のくまモンファンにとって、この番組でくまモンが見せるやんちゃな行動は、日頃県外で見せているお行儀の良いくまモンと一味違っているらしく、たまらない魅力だそうです。

「お行儀の良いくまモン？」

そう言われるまで、気づきもしなかったのですが、くまモンって県外ではお行儀が良かったたっけ？……と疑問符がついたまま今に至っていますが、それはさておき。「もったいない！」……ダイジェスト版を作って販売できないだろうか？　頭の中でもったいない虫が疼《うず》きます。

実は、私たちの中には別の思いがあります。地方の民放各社は東京や大阪のキー局の番組を放送するか、地元でローカル番組を作るかの選択肢しかありません。少なくともこれまでは。三分でも五分でもよいから、地方局が作った番組が全国で放送されることって実現できないのか？くまモンならば……と。なんとも厚かましい限りです。

もちろん、行政がお金を使うわけにはいきません。県外からのニーズがあって初めて実現できることです。ダイジェスト版のＤＶＤ発売が、そのデモンストレーションにでもなればと考えたのです。

とまあ、ここまでは誰にでも思いつきそうな話なのですが、実現するとなると超えるべきハードルが出てきます。そもそも言い出しっぺの私たち熊本県は、お金を出すつもりがさらさらないのですから……。

それでも「迷ったらゴー！」です。幸い、これまで日本コロムビアとのお付き合いがあり、同社の執行役員北條真さんに相談したところ、販の制作と全国に向けた販売網は確保できそうとのこと。何より「いいですね。やりましょう。うちにも『かたらんね』のファンが多いので」と即決に近い形で承諾していただいたときは、こちらが面食らったほどです。

日本コロムビアの内諾を得、テレビ熊本に話を持ち込みます。

テレビ熊本では、日本コロムビアが関わっていただくことで、県外向けの宣伝や販売網の確保等の心配がないということもあり、比較的スムーズに話が進みました。ただ、ＤＶＤ化となれば、新たに取り組むべき手続きが生じます。

「一刻も早く出したぁい！」と、せっかちな性分をじっと抑え、テレビ熊本が進める手続きをひたすら待つしかありません。この間、テレビ熊本では、並行して過去の番組をおさらいし、ＤＶＤ化に不可欠な映像についての選定も進められていました。

「出張！くまモンとかたらんね」　2015～2017版と初版

　こうして、待つこと一年、満を持しての発売となったわけです。およそ五十分間のＤＶＤ「出張！くまモンとかたらんね」は選りすぐり一九編。抱腹絶倒、きっと皆さんの心を癒してくれること間違いなしです。まだお買い求めになられていない皆様、今すぐお電話を！……ではなく、ＣＤショップかネット検索を！　同社商品紹介のセールストークは、

「名場面、爆笑シーンの数々や、新たに撮りおろした、出演者（くまモン、英太郎、本田千穂〈ＴＫＵアナウンサー〉、太田弘樹、緒方由美）がスタジオで名場面集の映像を見ながら、おも

しろおかしく振り返る未発表映像を収録。熊本でのくまモンの楽しい活躍ぶりをお楽しみください」

第一弾発売後に放送された番組の、見どころを満載した第二弾も、二〇一八年のくまモン誕生祭に合わせ発売されました。

本書では詳しくは触れていませんが、くまモンの地元、熊本県の地方紙『熊本日日新聞』には、二〇一三年四月からくまモンの四コマ漫画が連載されていますが、この四コマ漫画、実は、他県の地方紙にも連載されています。河北新報（本社宮城県仙台市）では二〇一五年三月から毎日夕刊に、静岡新聞（本社静岡市）では同年四月から週に一度朝刊の子ども向けのページに、そして中国新聞（本社広島市）でも。

掲載紙拡大計画推進中です。地方紙の皆様、連絡お待ちしています。

こうした形であっても、地方からの情報が全国に広がっていくことは国土の均衡ある発展のためにも大切なことだと思います……一応、「公務員なんで」。

毎日新聞出版社『サンデー毎日』編集部——「モンスリーくまモン」他

『サンデー毎日』からくまモンの特集を組みたいとお話があったのは、二〇一六年一月のことです。これまでも、様々な雑誌や新聞等からお話をいただいていましたので、二つ返事でお受けしようとしたのですが、なんと、知事とくまモンの対談という大胆な企画です。

どうやって対談させるんですか？　と、丁寧にお断りをしましたが、対談が難しければ知事にインタビューを行いたいと、新たなお申し出となりました。

担当部署への事前取材を済ませ、掲載誌にはグラビアでくまモンを取り上げたいと、後日『サンデー毎日』編集部のスタジオで撮影が行われたのが、二〇一六年四月十四日午後。そうです、熊本地震の前震、その当日でした。

『サンデー毎日』2016年7月10日号表紙

当然この企画は、しばらくお蔵入りすることになります。

が、グラビア撮影のために伺ったサンデー毎日の編集部で、一体何をしでかしたのか、編集長をはじめ編集部員に多くのファンを摑《つか》んだくまモンは、その後サンデー毎日と様々な企画に乗り出すことになります。

震災後、くまモンの再登場となった五月五日に合わせたかのように、『サンデー毎日』五月八日・十五日合併号では、熊本地震のグラビアと共に『くまモン頑張れ絵』を取り上げていただき、熊本県にエールを送ってくださいました。

七月十日号では、ようやく知事インタビューが掲載されました。

震災前とは趣を変え、題して「くまモンと生きる！」。グラビア七ページに加え、「知事インタビュー」をはじめ「人、企業を結ぶくまモンの輪」「六年の軌跡と奇跡」など一四ページとかなりの力の入れようです。表紙まで大きなくまモンの全身姿です。

グラビアには、様々な衣装を身にまとったくまモンの姿を特集してあったり、スタジオで撮影された様々なポーズを「モン・ウォッチング」として掲載してあったりと、結構マニアックなページも目に留まります。

その後、「モンスリーくまモン」のページを作りたいと、まるで十年来のファンが口にするかのような企画が提案されました。……いや、くまモン誕生から未だ十年も経っていないのですが、そこは筆の勢いというもので、御容赦ください。

「毎月一回見開きフルカラーで、直近ひと月のくまモンの出来事を掲載します。その代わり、催事情報をいただいたり、もし担当が行けない場合は、写真の提供にご協力いただきたいのですが。ちなみに、毎月一回だからマンスリー。くまモンだから、モンスリー、です」

「いや、それくらい、理解できます」

「ですよね……」

どうやら、ここは、

「それ、とても良いネーミングですねぇ！」

の一言が求められていたようです……。

「これって、オフィシャルな情報提供ですよね？　念のためお聞きしますが？」

「もちろんです。他に何があるというのですが？」

先の特集の内容や「モンスリーくまモン」の発想からすれば、コアなファンと推測し、ひと押ししてみましたが、なかなか本音は聞けません。

さておき、この素晴らしいお申し出を、受けないはずはありません。

かくして、『サンデー毎日』十月十六日号から「月刊（モンスリー）くまモン」のコーナーが登場することと相成りました。第一回のメインは、「マット・デイモンさんとはお友達だモン！」

……未来永劫、編集長が代わることのないよう祈るばかりです。


さて、ここで、もしコアなファンならば、きっと耳を傾けてくれるのだが、と思いつつ、ダメ元で、数年抱えながらも実現に至っていない企画をぶつけてみます。

「くまモンが衣装持ちなのは、先のグラビアからもご存じですよね？」

「ええ。どれも惚れ惚れするくらい似合っていましたね」

「実は私たちも把握しきれていないのですが、全部で七〇着は超えていると思うんですよ」

「確かにそれくらい、ありますよねぇ……」

「これを一冊の写真集にできたら、どんなに素晴らしいかと、以前から考えているのですが、なかなか引き受けてくださるところがなくて……もちろん撮影の協力は惜しみませんが、基本的には出版社サイドの費用負担という……」

「やります。やらせてください！」

と、最後まで話を聞かずに答えたところを見ると、やはりコアなファンと見た！

だいぶ脚色がすぎましたが、二〇一二年度から地元のテレビ局で毎週番組に出演しているくまモンは、その時々の場面に応じた衣装を着て登場することがあります。

それが好評で、この番組を見ている方々が、今度はご自身が関係する様々な催事にくまモンの出動依頼をする際に、主催者として衣装を作ってくまモンに着せてくださるので、あれよあれよという間に、くまモンの衣装ダンスは溢れてしまっていたのです。もちろん、公務で使用する衣装もこれに加わります。

二〇一六年七月にスタートしたこの企画は、衣装の整理と保管場所の確認、民間が保管しているものは貸し出してもらう必要もあります。中には紛失したり、再利用に耐えられないものも出てきています。

時すでに遅し。とはいえ、今、記録に残しておかないと、さらに失いかねません。紛失したものは、その旨アーカイブとしてすべて記録し、後日、ファンの皆さんの御協力を仰ぐことにいたします。

五カ月後の十二月、『サンデー毎日』の全面協力のもと、熊本市内某所で極秘裏に撮影が行われました。延べ五日。カメラマンをはじめスタッフは限られた時間で撮り終えなければならないプレッシャーでクタクタになりながら撮影を進めます。そして、熱烈なるファンでもあるスタッフにして、

「当分の間、くまモンを見るのも嫌ぁ～」

と言い出す始末。きっと、ベッドに入り目を瞑《つむ》っても、くまモンの残像が追いかけてきたのでしょう。

この間、くまモンは、といえば、衣装を着ては脱ぎの繰り返し。撮影に臨んでは、飛んだり跳ねたりと天才的な発想で自らポーズを作ったり、映像を確認しては自分でダメ出ししながらも、汗一つ見せない気丈ぶりを発揮します。

タキシードや紋付き袴といった礼装もあれば、前掛け姿もあり、「るろうに剣心」や「エヴァンゲリオン」などのタイアップもの、ファッションデザイナー田山淳朗オリジナルで香港コレクションのランウェイに登場したコート、ロアッソ熊本やホークスのユニフォーム等々、そのどれもが見事にフィットし、得も言われぬ可愛らしさを醸し出しているから不思議と言わざるを得ません。これはもうオリジナルデザインの勝利と言えましょう。

『モン・コレ』は、二〇一七年三月のくまモン誕生祭で発売されるやファンの方々が二冊買い、三冊買いと、大変好評を博しました。それもそのはず、企画・制作段階から熱烈なるファンの目

ファンの思いが詰まった写真集『モン・コレ』と『ワールド・モン』

が入っているのですから。

そして一年後、二〇一八年の誕生祭に合わせて、今度は海外での活躍を収めた初の写真集『ワールド・モン』も発売されました。これまでに訪問した一六の国と地域、その初上陸の記録をしっかり記載した、こちらもアーカイブに仕上がっております。

一粒で二度美味しい企画

「もったいない」の展開の一つが「一粒で二度美味しい企画」です。

前著『くまモンの秘密』では、「**企画の実施**」だけに終わらせず「**それが話題となりメディアに取り上げられる**」ことを「**一粒で二度美味しい企画**」と説明しています。

が、それだけではありません。

日本コロムビアに作っていただいた「ハッピーくまモン」をくまモンの出動先に合わせ、英語、フランス語、中国語訳にしてもらう。

ホンダのモンキー・くまモンバージョンを売っていただくだけでなく、誕生祭に合わせてオーナーに集まっていただき、市街地を走るイベントに仕立ててもらう。

タミヤのミニ四駆・くまモンバージョンも、ファン感謝祭でサーキットを作って走らせました。

くまモンのテレビ番組をＤＶＤにして販売する等々、作っていただいて終わりにするのでなく、それを活用した新しい企画を考える。

これが「一粒で二度美味しい」です。もちろん、三度でも四度でも。

くまモンのこれまでの衣装写真をすべて収めた『モン・コレ』は、ファンの方々にとっては待望の写真集ですが、私たちにとっては「アーカイブ」としての意味合いが強い作品です。

誕生から七年を経過する中で、資料としてくまモンの衣装を記録し整理しておきたいという思いがあったものの、県が費用を負担してまで行わなければならないことか判断に迷いました。

しかし、すでに紛失、破損したものも出ています。先に「すべてを収めた」と書きながら、ゆえに「現存するすべて」が正解です。

任せるべきはその道のプロです。写真集としてファンの期待に応えるものを作っていただき、販売することで正当な対価を得ていただく。私たちからのお願いは一つだけ。「すべての衣装を網羅すること。もし紛失、破損していたら、写真は掲載しなくても、こんな衣装があったと記載だけは残しておくこと」

おかげ様で、県は予算を投じることなく、くまモンの衣装のアーカイブを手に入れることができました。これに次ぐ『ワールド・モン』は、同様に海外初出動の記録が掲載されています。

企画を立ち上げる段階で「一粒で二度美味しい」を意識しておくと、最初の企画で次に向けた仕込みをしておくこともできます。費用もその分削減できます。

過去すべての衣装を着たくまモンの写真のデータを手に入れ、次にどんな展開にするか……お楽しみに。

第五章

ビッグネームとくまモン

熊本県庁でくまモン体操をご覧になる天皇皇后両陛下

天皇皇后両陛下――くまモン体操を披露する

二〇一三年は、くまモンにとって本当にたくさんのエポックメイキングな出来事がありました。その中でも特筆すべきは、天皇皇后両陛下にお会いし、御前で「くまモン体操」を披露したことでしょう。

この年の十月二十六日と二十七日、「第三三回全国豊かな海づくり大会〜くまもと〜」が開催され、両陛下が熊本においでになられました。

地方に両陛下が公式に訪問される際に、県庁にお立ち寄りになられることはよくあることです。その際は、知事をはじめとする県の幹部職員がお出迎えをすることになっています。

幹部職員といえば、熊本県で部長職は知事、副知事に次ぐナンバースリー。立派な幹部職員です。もちろん営業部長のくまモンもその例に漏れません。

十月二十八日午前、一連の日程を終えられた両陛下は、最後の公式訪問として熊本県庁にお見えになりました。そこで、末席とはいえ、入り口に整列した熊本県幹部職員の列に並び、くまモンは両陛下をお迎えすることになりました。

天皇陛下はシルバーとも見て取れる淡いグレーのダブルブレストスーツ、皇后陛下は「豊かな海」をイメージさせるブルーのケープ付きのお召し物にパールのネックレスと胸元にはゴールドのブローチ、その横にはくまモンのピンバッジをつけておいでです。皇后陛下の配慮が胸に沁みます。

くまモンはこの後、大事な役目を仰せつかっていました。

県庁一階ロビーに設えた「くまモン展」の前で、「くまもとサプライズ！」の曲に合わせくまモン体操を披露するのです。ゆるキャラが公式の場所で両陛下にご挨拶を許されるだけでなく、ダンスを披露するというのは、もちろん後にも先にも、くまモンだけです。

ここに至るには、熊本ご訪問前に皇后陛下が「熊本なら、くまモンさんに会えるかしら」と話された一言が、宮内庁と熊本県を動かした、といった情報も散見されますが、実は……。

と、真相を書いてこその「愛され、稼ぎ続ける秘密」かもしれませんが、世の中には、はっきりとさせない方が良いことってありますよね。何より、この件については、私たちも伝聞の域を出ておりませんので、不確かな情報で書くことは、控えさせていただきます。

さて、両陛下の動線に沿って、話を進めます。

まずは知事とくまモンの案内で「くまモン展」をご覧になります。「くまモン展」は、無論、知事の指示で実現しました。

従前の例に従えば、県政全般にわたる最近の施策の取り組みについて、知事が両陛下に御進講する場となっているようですが、今回はすべて「くまモン」になりました。

あれもこれもと盛り沢山にしたいところですが、時間は限られています。くまモン体操の披露もまた決められた時間内に収めなければなりません。

行幸啓の担当部署とも相談し、最終的には、知事の意見も踏まえ、「県内での活躍」「県外での活躍」「海外での活躍」の三部構成とし、それぞれをパネル一枚ずつに収めます。別にくまモン関連の特筆すべき実物の展示も行います。その内容ですが、

県内での活躍は、「子どもたちと一緒にくまモン体操」「いつでも会えるくまモンスクエア」「ミニチュアダックスフントで初めて警察犬となった『ベッキー』と一緒に街頭活動」

県外での活躍は、「吉本新喜劇に知事と一緒に出演」「『ゆるキャラグランプリ2011』優勝し凱旋」「東日本大震災被災地を訪問（宮城県）」

海外での活躍は、「フランス・パリ『ジャパンエキスポ』で熊本をPR」「台湾で熊本の農産物をPR」「ウォールストリートジャーナル（米国）一面で紹介」

特筆すべき作品は、くまモンをあしらった、熊本の伝統的工芸品である肥後象嵌《ぞうがん》、天草陶磁器、来民《くたみ》うちわ。その他、知事お気に入りのおしゃべりくまモン、人間国宝の室瀬和美氏作漆椀くまモンバージョン、佐渡裕《ゆたか》氏が熊本県立劇場で演奏した際にサプライズで登場したくまモンのために誂《あつら》えたくまモン専用の指揮棒、さらに、この年の春五秒で完売したドイツ・シュタイフ社のテディベアくまモンとフランス・バカラ社のクリスタルくまモンの数々です。

くまモン展の後は、「くまモン体操」をご覧いただくことになっています。

ご高齢の両陛下を思い、椅子を用意することも検討されましたが、立ったままでご覧になられる、ということが伝えられます。そこで、通常は三分近くある「くまもとサプライズ！」のショートバージョン（一分四十秒）を用意し、ご覧いただくことにしました。音源はラジカセ。もしもの場合に備えて、関係者が手拍子を取りながら歌うことも想定していました。

くまモン体操をご覧になる両陛下、とりわけ皇后陛下の美しい笑顔が印象的でした。

この後、くまモンに労いの言葉をかけられ、皇后陛下が蒲島知事にお尋ねになられた言葉は、私の聞き間違いでなければ、

「くまモンさんは、お一人なんですか？」

です。

「もちろん、くまモンは独り者です。子どもですから」

と、知事が答えるわけもなく、皇后陛下のストレートな質問の答えに窮する姿は微笑ましくもありました……。

ちなみに、皇后陛下がつけておられたくまモンのピンバッジについては、報道直後、全国から「どこで入手できるのか」と確認の電話がたくさん入りましたが、「非売品です」と説明し、ご理解をいただきました。

このピンバッジは、私たちも持つことが許されない、知事のみが大切な方に渡すことができる特注品で、縁取りが金色（金色であって、金ではありません。念のため）の通称「金くま（モン）」。皇后陛下は熊本地震後の被災地にお見えになられたときにも、この「金くま」を身につけておられました。言葉になさらずとも、「熊本に寄り添っていますよ」という強く温かい気持ちの表れとして、県民の皆さんにも伝わり、励まされたことでしょう。

歌舞伎俳優・市川海老蔵さん――麗禾ちゃんと初舞台に立つ

二〇一四年三月、くまモンは歌舞伎に挑戦します。しかも、ひと月の間に、地元熊本は山鹿市の国指定重要文化財の芝居小屋「八千代座」と、東京は東銀座にある歌舞伎の殿堂「歌舞伎座」の二つの舞台に上がるという快挙です。

八千代座では、二〇一四年三月六日から十日までの五日間、「市川海老蔵　古典への誘い（〜江戸の華〜）」と題して公演があり、海老蔵さんの長女麗禾《れいか》ちゃんが初舞台を踏むことになっています。その麗禾ちゃんがくまモンの大ファンということで、海老蔵さんから直々にオファーがあって客演するという、なんともサプライズかつ華やかな舞台です。

ことの発端は、二〇一三年十月二十四日、海老蔵さんがブログに「くまモンに会いたい」と書いたことに始まります。

市川海老蔵といえば、歌舞伎界のスーパースター市川團十郎の血を受け継ぐ若きプリンス。精進の暁には一三代市川團十郎を受け継ぎ、ゆくゆくは人間国宝も約束されている、まさにサラブレッドです。歌舞伎ファンとしては思わず「成田屋ぁ〜」と叫びたくなるのですが、ブロガーとしての活躍も目覚ましく、ほとんど毎日というか、一日に何回もブログを更新しており、読者数は、二三五万人を超えています（二〇一八年三月十二日現在）。

その海老蔵さんが、十月二十五日から開催される、熊本県山鹿市にある芝居小屋「八千代座」での公演「市川海老蔵　古典への誘い〜江戸の華〜」を前に、

「クマもんにあいたーい❤
ご当地ゆるキャラで
やっぱり不動の一位はくまモンらしいね笑
あわい期待で熊本へ❤」

と書いているのを目にした海老蔵ファンの方から、八千代座の地元、山鹿市にある熊本県鹿本地域振興局に「会わせてやってほしい」という趣旨の電話が入ります。これを受けた職員が、「ガッテン承知の助。成田屋さんに会わせせいでか！」

と、言うはずもありませんが、行動だけは早く、くまもとブランド推進課に連絡が入ります。

「……というわけで、三日間の公演期間中、どこかで海老蔵さんを表敬訪問できませんか？」

と、恐る恐る……。

「昨日の今日で、多忙なくまモンのスケジュールを空けろというの？」

とはいえ、相手はエビ様こと市川海老蔵。先代海老蔵の第一二代市川團十郎襲名を歌舞伎座で見届け、現海老蔵は新之助の頃から知っています。ブログをチェックすれば、読者のコメントも支持者ばかりです。市川海老蔵侮りがたし！　しかも、新しく更新されたブログを見れば、泣き落とし……思わず笑ってしまいます。

どことなく、やんちゃなところがそっくりじゃないですか……くまモンに。

してやられたね。と、スケジュールを確認すれば、奇跡的に時間が取れそうです。

翌、二十五日、八千代座に海老蔵さんを表敬訪問。満面の笑みで迎えてくださいました。

ブログもまた、

念じれば…

くまモン…

キタ――――――――――――――――――

と、きました（派手な装飾は、今回は省略しますね）。

しかし、侮りがたいのは、これで終わりではなかったのです（笑）。

このとき、くまモンは、海老蔵さんからサイン入りTシャツをプレゼントされます。そこには、海老蔵さんのサインと共に「来年ハ　舞台　でて♡」のメッセージが……。

完全にスルーしていました。皆が皆。今にして思えば、これは海老蔵さんからくまモンへの明らかなオファーだったのです。

十二月八日、東京で行われた、三回目となる「市川海老蔵　古典への誘い」制作発表記者会見の席上、海老蔵さんが、二〇一四年は全国七都市で公演し、三月六日の熊本県八千代座からスタートするが、そこでは長女の麗禾ちゃんが初舞台を踏むことと、八千代座公演にはくまモンにも出てもらう、という趣旨の発言をされます。

これを知った私たちは、寝耳に水。八千代座の実行委員会もまた初耳です。

「どぎゃんなっとっとや（どうなってるの）？」

「地元（実行委員会）は、この話を知っとったつかい（知っていたのか）？」

「振興局が何か、知っとるとじゃなかや？」

と、大騒動です。

「六日間ですよ。もちろん、初日だけですよね？」

「公表された以上、お客様は期待して来るだろう！」

「前例がないですよ！　一つの催事期間中毎日くまモンが出演するなんて！」

「でも、あのエビ様ですよ」

「ほっぺ紛失事件では、お世話になったからなぁ……」

「なくしたほっぺを探してくださったんですよね……」

「心配して、電話までいただいている」

「それはそれ、これはこれ、話が別でしょう……」

「とはいえ、麗禾ちゃんが、くまモンがいたりいなかったりじゃ、舞台を務めづらかろう」

とやりとりしながらも、やはり笑いがこみ上げてきます。この無茶ぶりが許せるのも海老蔵さんだからだよねぇ……と。

ここは、腹を括って全八公演に付き合うしかないようです。

「歌舞伎初挑戦、あい務めて、（ハッ！）みせませう〜」

と、くまモンに成り代わり、心の中で見得を切っているのでした。

海老蔵さんもまた、これに応えてくれました。くまモンのために、八千代座限定の特別演目「芝居《しばい》前三升麗賑《まえみますのにぎわい》」を用意していただき、海老蔵さんと初お目見えの麗禾ちゃんをお迎えするという、立派な役をいただいたのです。

公演当日。この日のために誂えた鏡獅子の衣装と足袋は、いずれも歌舞伎座に出入りする専門の方に作っていただいたもの。事前に仮縫いにも来ていただき、万事怠りなし、です。また、海老蔵さんに見得の切り方も習い、お客様に披露することもできました。

さらに……衣装を見たときから、やらかす（やっちゃう）とは思っていたものの……鏡獅子の見所の一つである毛振りにまで挑戦するという大胆さ。目を回して舞台に倒れ込むという念の入れようで、会場が爆笑の渦に巻き込まれたことは言うまでもありません。

八千代座にて鏡獅子の衣装で

歌舞伎という古典芸能に現代のゆるキャラが登場するなんて！　とお思いの方もいらっしゃるかもしれませんが、元々歌舞伎はその時代の最先端の流行を巧みに舞台に取り入れてお客様を喜ばせてきた歴史があります。現代の歌舞伎にくまモンが登場することは決して不自然なことではありません。むしろ、海老蔵さんは先見の明があると言っても過言ではないでしょう。それが証拠に時を経ずして歌舞伎座の舞台にまで登場することになったのですから。

終演後は、「私の初お目見えより俄《が》然《ぜん》豪華な初お目見えでした……」とブログに記してくださる気の使いよう。

全国七都市公演とはいえ、くまモンの歌舞伎を観ることができたのは、ここ山鹿市の八千代座だけです。その一部始終をブログで発信し、一〇〇万人近い読者（当時）に届いていきます。恐るべし、市川海老蔵……感謝、感謝です。

この舞台以来（ホントは十月の初対面からなんですがね）、くまモンはすっかり海老蔵さんのファンになり、交流が始まりました。熊本で公演があるときは、記者会見の席に駆けつけ、その場で共演のお誘いを受けてしまったり、あるいは、麗禾ちゃんや勸玄《かんげん》くんに会うために楽屋見舞いに伺ったりしています。

アイスバケツチャレンジもまた快く受けてくださるのですが、それは後ほど。

なお、足袋を作ってくださった福助株式会社によれば、「福助足袋百三十余年の長い歴史の中でも人以外の足袋を作るのは初めてのこと」だったそうです。お世話になりました。

写真家、エッセイスト、ハービー・山口さん――『アエラ』で撮る！

二〇一四年十月某日、小山薫堂さんから一本の電話が入りました。

「実は今度、『アエラ』の編集長をすることになりまして、と言っても、新年号丸ごと一冊任せてもらえるだけなんですけど……」

と、切り出された内容は、謙虚そうに聞こえますが、どうしてどうして……丸ごと一冊って、そりゃあ十分自慢でしょう！　とツッコミを入れたくなるのをこらえて、本題に入るのを待ちます。

「そこで、グラビアのページは、くまモン撮り下ろしで行きたいんで、ぜひ協力してほしいんですが……」

「おぉ、ついに脱がせますか！」

「グラビアと言っても、『アエラ』ですし、全体のテーマは「やさしさ」ですから、もちろん脱がせはしないんですが……」

いや、小山さん、そこは真面目に答えられても……言わなきゃ良かった……。

「写真は僕のカメラの師匠でもあるハービー・山口さんにお願いしようと思っていまして、ついては、熊本で撮影したいと言われているので、協力してほしいのですが……」

熊本での撮影とあらば、二つ返事で承諾です。何より、小山さんの写真の師匠、ぜひお会いしてみたいものです。

そう、この時点で小山さんの写真の師匠のことを存じ上げていなかったのです。恥じ入るばかりです……。

中学二年生で写真部に入り、大学卒業と同時にロンドンに渡り十年間を過ごす。一時期劇団に所属し役者をする一方、折からのパンクロックやニューウェーブのムーブメントに遭遇し、デビュー前のボーイ・ジョージとルームシェアする……とは、ご本人のホームページからのプロフィール紹介。

むしろ、福山雅治、吉川晃司、山崎まさよし、尾崎豊等々の写真集を世に送り出し、福山雅治、桑田佳祐、松任谷由実、山下久美子、ドリームズ・カム・トゥルー、エレファントカシマシ等のCDジャケットを手がけ、他方で、布袋寅泰のファーストソロアルバム「GUITARHYTHM」では八曲も詞を提供し、フォトエッセイでは読者を泣かせていると紹介した方が、マルチタレントぶりがおわかりいただけるかもしれませんが、これはほんの一面に過ぎません。


早速連絡を取ると、田園風景の中でくまモンと戯れる子どもたちの姿を撮りたい、という具体的な希望です。棚田もイメージしておられます。

職員で手分けして、ふさわしい場所を選定します。出演してくれる子どもたちも探さなければなりません。

こうして、ハービーさんと『アエラ』編集部の方を熊本にお迎えし、無事撮影に入ることができました。

稲が刈り取られたばかりの田んぼで、くまモンと戯れる子どもたち、フレームの中では、子どもたちのはじける笑顔が切り取られていきます。心から幸せそうな笑顔に、見ている私たちもまた幸せな気持ちになれるショットです。

もちろん、お二人がくまモンに魅せられたのは言うまでもありません。
と、ここまではホンの入り口に過ぎません。実は、溢れんばかりの優しさがにじみ出る「ハービー・山口」のすごさを知ることになるのは、この後です。

二〇一五年一月十日からライカギャラリー京都で開催される「小山薫堂&アレックス・ムートン写真展」のオープニングレセプションは、小山さんとハービーさんのトークショーで始まりました。

「ハービーさんが撮る被写体の方の笑顔がどれも素敵で、どうすればあんな写真が撮れるんだろうといつも思っていたんですが、先日、僕の地元の天草で、ハービーさんと二人、街中を歩きながら写真撮影をしていたら、ずかずかと家の中に入っていっちゃうんですよ、そして、その家のおじいさんと意気投合するまで話し込んで、やおらカメラを構えて……反則ですよね、これって」

「そりゃあ、最初からあんな写真は撮れないですよ。初対面の人があんな笑顔をするとしたら、あちらかこちらか、怪しい人でしょう……」

こんな掛け合いがずっと続いて、二人の優しさが話からも伝わってきてなんとも素晴らしく、写真家としてよりも語り手としての才能の方が上ではないかと思わせるほどで（失礼！）、小山さんが上手に引き出すのか、ハービーさんの人生経験が醸し出す深みか……まあ、両方なのでし

小山薫堂編集長の『アエラ』に掲載されたくまモンのグラビア

ょうがね。すっかりハービーさんのファンになってしまったのです。なるほど、小山さんが師と仰ぐのは、何も写真の腕前だけではなさそうです。

この日は、ハービーさんが来られると小山さんから事前に聞いており、お願いがあって京都まで伺った次第なのですが、このお二人のトークショーを聞いて、さらに思いは膨らみます。

覚えておられるでしょうか？　五周年に向けくまモンの写真展を企画したいと小山さんに相談していた二〇一四年五月のことを。

そうです。小山薫堂特別編集長の『アエラ』二〇一五年一月十二日号に掲載されたくまモンの写真を含め、熊本でハービーさんが撮り下ろしたくまモンを、三月に開催されるくまモン誕生祭で、「くまモン写真展」として披露したいというものです。

そのお願いに京都まで伺った次第なのですが、このお二人のトークショーもぜひ実現したい。もったいない！　と思うに至りました。

写真展については快諾をいただき、詳細を詰めるため今度は、一月二十三日から銀座にあるライカギャラリー東京で開催されるハービーさんの写真展「Wetzlar（ウェッツラー）」に足を運びます。

「Wetzlar」といえば、昨年くまモンが訪問した、ライカカメラ発祥の街。その街がハービーさんに切り取られて今、日の前に現れています。あまり時を経ずして、このフレームの風景の中にくまモンもいたのです。ご縁を感じずにはいられません。

ここで、今度はフォトエッセイ『雲の上はいつも青空』と出会います。

誕生祭での写真展に向け、ハービーさんの作品のフレームサイズや展示のイメージを掴むために訪問したのですが、写真展と同時に販売している著書を見ていると、

「一冊選ぶのなら、これをお勧めします」

と、複数ある著書の中から『雲の上はいつも青空 Scene.2』を手に取り、

「ぜひ、帰りの飛行機の中ででも、ここを読んでね」

と悪戯《いたずら》っぽい笑みを浮かべながら勧められたのが、その中の、エピソード10「僕の彼女は女子アナ」。

ネタばれになるので、ここでは触れません。ぜひ、書店で見つけて立ち読みしてみてください。きっと買い求めたくなること受け合いです。

小山薫堂特別編集長の『アエラ』は、丸ごと一冊「やさしくなりたい。」の大特集でしたけれど、そんな「なりたい」「やさしさ」がギュッと丸ごと搾り取られて新鮮パックされたものがこ

こにある……そんな一冊。飛行機の中でその優しさに触れて涙……。あの悪戯っぽい笑いの正体はこれだったのです。

良い器で写真展を開催したいな、と思い、くまモン誕生祭のメイン会場となっている熊本の繁華街、上通り、下通り、新市街の中からふさわしい会場としてアートスペース大宝堂に協力をお願いしました。

ハービーさんの著書も手に入るだけ買い求めて、会場で読んでいただけるように用意しました。それを見たハービーさんは、再び悪戯っぽい笑顔を返してくださいました。

この写真展会場で二人のトークショーが開催されます。写真展に協力いただいた『アエラ』の編集長も喜んで駆けつけてくださいました。お世話になった大宝堂の社長と共に皆さんに紹介すると、

「なんで『アエラ』の編集長が熊本にいるんだぁ?」

と、会場の片隅から驚きの声が聞こえます。

小山薫堂さんとハービー・山口さんがいるのだもの、『アエラ』の編集長がいたって不思議じゃないでしょう。何より今日はくまモンの誕生祭なのだから。

「くまモンがいれば自然と笑顔になっちゃう」「大きな体をゆさゆさ揺らして行く先には、いつも人だかり。ギュッと抱きしめてくれたり、悪戯されたり。なんだかすぐに、やさしい気持ちに

なるんだ」とは、ハービーさんの言葉。

ハービーさんのレンズを通して、くまモンの優しさが、これからも増幅して広がっていくことを願ってやみません。

建築家・安藤忠雄さん――大阪駅をくまモンで埋め尽くす

二〇一四年十月、知事から突然のミッションが下されました。

「安藤先生から電話とファックスをいただいた。熊本駅の新駅舎でも大変お世話になっているので、先生の意向を十分確認して、ぜひ、力になってほしい」

というものです。そして、知事あてのファックスが渡されます。

蒲島郁夫様
昨日は突然お電話して失礼しました。
JR大阪駅の5階に、「時空《とき》の広場」という空中に浮かぶ巨大な広場があります。ここを巨大な花畑にしてはどうかと提案し、これまで3回実施してきました。
この「時空の広場」をくまモンで埋め尽くし、熊本県のPRをしてはいかがでしょうか。着ぐるみやオブジェを配置するほか、グッズ販売を行えば、訪れる人々も喜ぶと思います。

関西の交通の要衝であるＪＲ大阪駅で、ぜひ熊本の魅力を呼びかけて下さい。

02／10／2014　安藤忠雄

と、大きく力強い手書きの文字に、ご自身の似顔絵と思しきスタンプが押印されています。

さらには、「時空の広場」で過去に実施された「花畑」の催事の写真に、六〇体のくまモンを新たにレイアウトした完成予想図も添付されております。

「六〇体のくまモン」に絶句しながらも、知事からのミッションです。しかも、あの安藤忠雄さん、もとい、安藤先生（と、知事が言われるからには、それに倣うのが県職員）からの提案となれば、あだ疎かにできようはずもありません。

安藤忠雄といえば、皆さんもご存じのとおり、建築界のノーベル賞といわれるプリツカー賞をはじめ、日本建築学会賞、文化勲章、フランス芸術文化勲章等々、ここでは書ききれないほど、国内外の様々な賞を受賞し、世界的な評価を得ている日本を代表する建築家です。

熊本県では、細川護熙《もりひろ》知事のときスタートしたアートポリス構想の一環として、県立装飾古墳館の設計を担当、九州新幹線の全線開業に伴い改装される、在来線の新しい熊本駅舎も氏が設計され、二〇一八年度完成に向け工事が進められています。

早速、趣旨を確認すべく、大阪梅田にある安藤忠雄建築研究所を訪ねます。「時空の広場」も見なければなりません。

　九州新幹線全線開業後、熊本駅から新大阪駅までは最速二時間五十九分、そこから一駅で大阪駅に到着します。出張と言われてもいささかも苦にならない場所となりました。

「時空の広場」は、二〇一一年に新装なった大阪駅と、その北側に建つ二〇一三年に新たに建設されたグランフロント大阪を結ぶ巨大な空中廊です。

　眼下には二つのビルに挟まれるようにして東西に延びる大阪駅のプラットホームが広がり、東海道本線や大阪環状線など様々な車両が行き交う、鉄道ファンにすれば終日いても飽きが来ないと思われる場所です。

　見上げればプラットホームを覆うかのように弧を描いて広がるメタリックな大屋根が陽を反射し輝いています。さすがに大都会、圧倒される景色です。

　……しかし、吹きっさらし。晩秋を迎えつつある十一月中旬。こればかりはいかんともしがたく、正直、寒くてかないません。


　さて、安藤忠雄建築研究所は、ここから徒歩で向かえるところに位置します。担当の十河《そごう》完也さんとの打ち合わせです。

「時空の広場」を含め壮大な大阪駅は安藤先生の設計によるものと思いきや、そうではなく、五階に位置するビルの間にある空間ということから、集客の協力を大阪ターミナルビルやＪＲ西日本から要請され協力をなさっているとのこと。

提案の趣旨は三つ。場所は「時空の広場」、インパクトがあり集客に繋がるもの、そして「くまモン」。どうやら安藤先生は、くまモンがお気に入りの様子です。

「どや、時空の広場をくまモンで埋め尽くせばインパクトがあるやろ、みんなが喜んで足を運んでくださる、というわけや」

と、ご本人の声が聞こえそうです。

しかし、何せプラットホームの上です。聞けば造作物の高さ制限は二・五メートル、火は使えない、食べ物の試食販売もダメ、チラシの配布も風に飛ばされるのでいけません。通路ですから歩行の妨げになるものはダメ、車両の運行に影響が出そうなものはすべてアウト。ないないづくしです。

私たちも今回の訪問に際して、無策で臨んだわけではありません。

数でインパクト、であれば、バルーンで等身大に近いくまモンを作って埋め尽くせばと考えていたのですが、風で飛ばされかねないのでアウトです。

大きさでインパクト、であれば、空気で膨らませて、中に子どもが入って飛び跳ねることができる「フワフワくまモン」を持ち込めば、親子連れの集客に繋がりますが、これも高さ制限でアウトです。

仮に六〇体のくまモンのＦＲＰ（強化プラスチック）フィギュアを製作するとなれば、三六〇〇万円はかかりますが、どこにもそれだけの予算はありません。

「持ち帰って検討します」と、早々に退散するしかありませんでした。

ただ、開催を急いでおられるようではないことから、次年度開催に向けて検討を継続する旨が確認できたのは収穫でした。


さて、九州新幹線の全線開業から数年が経ち、今や大阪に限らず全国的な人気を誇るくまモンです。もちろん、大阪をはじめとする関西の方々に育てていただいた御恩は忘れていません。しかし、今、なぜ、大阪駅でくまモンか？

「インパクトはサプライズに繋がるし、安藤先生にもＪＲ西日本にも訪れるお客さんにも、もちろん熊本県にとってもシェアできる企画にするためには、どうしてもストーリーが必要となるよね。ある程度予算もつぎ込む以上、説明責任もある」

「来年度の開催という時間は確保できたので、年間を見据えて考えるしかない……」

「ファン感謝祭を時空の広場で開催すれば？」

「物販にも制約があり、チラシも配りようがないとなれば、難しかろう……」

「年度で考えれば、二〇一六年三月まで期間がありますよね？」

「ん？」

「二〇一六年三月は、九州新幹線全線開業から五周年。北海道や北陸新幹線の開業もあり、人々

時空の広場をくまモンがジャック!

の目がそちらに移りがちになりますから、このタイミングであらためて熊本に目を向けてもらうための企画とすれば、ＪＲ西日本の協力も得やすくなりますし、観光課との共催も十分考えられます」

「なるほど……必然性があるし、年度末なら、十分な時間がある。後は、インパクトのある企画さえできれば……」

「ＦＲＰも新たに作ることにこだわらず、県内各地から借りてはどうですか?」

「ＦＲＰばかりに頼らず、ボードやフラッグにして、多彩に展開すれば……」

と、内部では侃々諤々の議論をし、他方で安藤忠雄建築研究所の十河さんと協議を重ねます。そして、知恵を絞った挙句に目玉として登場するのが、発泡スチロールで作った巨大なくまモンの顔のオブジェ。幅三メートル、高さ一・八メートル。

イラストのくまモンも、初期の頃から使われていた

床下から顔を覗かせる巨大なくまモンのオブジェ

デザインで、ちょうど印刷物の床下から顔を出したような可愛い姿です。これを転用し、「時空の広場」という空中廊の床から巨大なくまモンが顔を出しているかのように見えるように設置します。

日程も二〇一六年二月二十七日から三月四日までと、九州新幹線全線開業五周年を意識したものとなりました。本来の開業日は三月十二日なのですが、この日は、くまモン誕生祭が開催されますし、誕生祭に向けての熊本への誘客に繋がる時期との位置づけです。十一月に比べれば寒さもさらに厳しさが増した時期ではありますが、ストーリー作りを優先すれば寒さも我慢するしかありません。が、果たしてこの寒さの中、人が集まるか……。

心配は杞憂に終わります。開催初日、この季節ゆえ、ふだんは閑散とした「時空の広場」に、人が溢れ返っています。エスカレーターで会場に向かえば、徐々に見えてくる会場一面見渡す限りのくまモンに皆さん驚き、そして笑顔になります。巨大なくまモンの顔オブジェでは、記念撮影をしようと順番待ちができています。

試食不可ながらも販売が認められたワゴンでは、熊本特産の晩白柚などが並びます。

初日は、もちろん安藤先生にもお越しいただき、大阪府からは「副知事のもずやん」も駆けつけてくれました。

安藤先生も満足そうな笑顔です。ふと、ワゴンの前で、

「この晩白柚も、せっかくやから、くまモンのシールを貼れば目立ちよるし、ようけ売れるのに、どうしてそうせんかなぁ」

と、つぶやきます。

どこまでもくまモン愛の安藤先生です。

さて、この企画を進める中で、開催前に一度、安藤先生に直接お会いする機会がありました。二〇一五年八月下旬のことです。

お会いして一時間ほど、様々なお話を伺う間、ずっと手を動かしておられます。直近に迫った講演会で出席者に配布される自著のすべてにサインを書いておられるのです。聞けば二〇〇〇冊。それも講演会ごとに必ず自ら書かれるとのこと。サインだけでなく御自身の建築物のイラストも添えられており、彩色も加えられています。

そういえば、知事への手紙やファックスもすべて手書きです。

「以前、胆嚢《たんのう》と胆管、十二指腸を癌で摘出しましたんですが、去年、すい臓癌が見つかり、すい臓と脾臓《ひぞう》を全摘出する手術を受けまして、五つもの臓器を全摘して元気になった人はいない、言われて、ならば元気になってやると思いまして、おかげさんで、ご覧のとおり元気にしてます」

と、こともなげに語りながら、過去の作品の模型や写真を次々に示し、一つひとつを愛おしむように話される氏の姿を間近にすると、メディアを通して伝わるイメージと随分乖離《かいり》していることに気づかされます。

帰りがけに手渡された自著には、サインだけでなく、今回訪れた各自の名前まで添えられていました。一体いつ書かれたのか……深く一礼をしてその場を後にしました。

安藤先生が語った中で、印象に残っている言葉をご紹介します。

『仕事は向こうからはやってこない、自分でつくり出すものだ』という意識で建築家の仕事を続けてきました」

「仕事をつくるためには、自分を常に磨いておく必要があります。ふだんから、映画、音楽、美術などに触れて感性を磨いたり、自分の専門はもちろん、それ以外の分野の本をたくさん読むことで、真の意味での教養を身につけておかなくてはなりません。自分に投資を惜しまず、好奇心を持って貪欲に吸収し、自分自身がおもしろい人間になることで初めて、刺激的な人や仕事に出会うことができるのです」

「若い人たちには『好奇心や闘争心がなかったら、物事は前に進まない』ということを伝えたい。そして学歴や肩書ではなく、強く生きるための人間力や精神力を鍛えて、自分なりに思う仕事をやり抜いてほしい」


正確を期するため、NHKラジオテキスト『仕事学のすすめ』より抜粋して記載しました。

安藤先生の足元にも及びませんが、これらの言葉を心に刻んで、くまモンの一層の飛躍でお返ししたいと決意した次第です。

なお、巨大なくまモンの顔のオブジェは、イベント終了後、「くまモン駅」と化した熊本駅の新幹線構内に移設して展示されております。もったいない精神は、ここでも発揮されました。

小説家・村上春樹さん——あの村上春樹がブランド推進課に来ていた

本来であれば、「あの村上春樹がブランド推進課に来た」、心情的には「あの村上春樹氏がブランド推進課にお見えになられた」との見出しにすべきところ、「来ていた」と表現しなければならぬこのもどかしさというか、阿蘇山頂から大声で叫びたいほどの思いをどう活字で表現して良いものか、その術を持ちません。

二〇一五年八月七日、知り合いから「『CREA』九月号、早速（電子書籍で）買いました」とURL付きのメールを見て、本当に執務室で大声を上げてしまいました。

なんと、村上春樹氏が当課に来られていたとのこと。なんとなさけない書きぶり。あの日あのときこの場所に、今、日本でノーベル文学賞に最も近い小説家が座っていながら、誰一人として気づかず、しかも応対した職員でさえ気づくことがなかったとは……。

ノーベル賞よりもむしろ、『風の歌を聴け』に始まり、『羊をめぐる冒険』『ノルウェイの森』『ダンス・ダンス・ダンス』『スプートニクの恋人』『1Q84』等々、ハルキストと自称するにはおこがましいものの、かれこれ三十年も前からお世話になっている（もちろん、読者として、一方的にですが）身とすれば、せめてキチンとご挨拶くらいさせていただきたかったものです。

同誌によれば（これまた、なんとなさけない書きぶり）、友人で熊本在住の吉本由美さんのお誘いで、六月中旬に熊本旅行にお見えになり、四泊五日の旅の途中、いたるところにくまモンの姿があり（と言ってもイラストのくまモンであり、本物のくまモンではないようです）、こうなると「僕はいったん何かが気になりだすと、いちいち気になってしょうがない因果な性格」なので、担当者のお話を聞きたく予定を変更して当課に見えられたとのこと。

残念ながら私は、当日NYCIFF（ニューヨークシティ・インターナショナル・フィルムフェスティバル）の方がお見えになられていたので、応対できなかったのですが、応対した職員の話によれば、前日『CREA』の編集者の方から連絡があった上での来訪だったものの、女性誌にもかかわらず、女性一人（後日、吉本由美さんと判明）と男性三人という編成で来訪され、名刺を出されたのは編集者の方のみ、出で立ちもまさにプライベートな旅の途中というのがピッタリで、Tシャツに短パン不精髭《ぶしょうひげ》姿の男性もいたり（後日、村上春樹さんと判明！）と、どうも怪しげな御一行と判断したらしく、課内は様子見の静かな空気が流れていました。他方で、当日の当課の雰囲気を村上春樹氏がどう表現されているかは、『CREA』九月号でご確認いただきたいところです。

くまもとブランド推進課は当時、県庁職員の男女比と比べても女性が少なく、『文藝春秋』は知っていても『CREA』なる雑誌は存じ上げない男どもがほとんどだったのです。しかし、仮に『CREA』を知っていても、果たして旅の途中の村上春樹さんを正しく認識できたかどうかはなんとも言えません。変装とまでは言わないまでも、明らかに「村上春樹」を消していましたもの。と、書けば書くほどに言い訳がましく、情けなさも募るのですが。

私もまた、デスクとの往復の中で、ちらりと横目をやりながら、不思議な一行がおられるとの認識はあったものの、パーティション一つ隔てたわずか二メートルほど離れた場所で別の来客の応対をしていたわけです。

それにしても、どうして初手から言うてはくれぬ……「籠釣瓶」の次郎左衛門ではありませんが、「そりゃあんまり袖なかろうぜ」と愚痴の一つも申し上げたいほどです。

少なくとも、これまでお見えになられた出版社の方々は、編集者のみならず、ライターやカメラマンに至るまで名刺交換をさせていただいておりましたよ。

もちろん、事前にわかればどのような騒ぎになるかは、十分承知しております。が、吹聴して回るほど職業倫理を持ち合わせていないわけではありません。

と、しばらくの間は、口を開けば愚痴ばかりという始末でした。

しかし。過去は振り返らない。それに、このままにしておくのは「もったいない」。そう考え反転攻勢（とまでの勢いではありませんが、そこは筆の勢いというもので）に出ることにしました。当日お見えになられていた編集者の方にお送りしたのが、次の手紙です。前段の愚痴は、前述と重なりますので割愛します。


貴誌拝読いたしました。「僕はくまモンに対して、好印象も悪印象も持っていない。そういうものがあるんだなというだけのことで、肯定もしないし否定もしない」と村上氏の率直なご感想がありました。

今回の来熊で、残念ながら村上氏がくまモンに会う機会はなかった御様子。まずはくまモンに会っていただいたうえで、あらためて印象を持っていただきたいと思うのです。大変厚かましいお願いであることは重々承知しております。しかし「僕はいったん何かが気になりだすと、いちいち気になってしょうがない因果な性格」でいらっしゃるなら、周辺取材だけでなく、直接くまモンに会っていただくべきと思うのです。

どこへでも参ります。……もとい。海外はご勘弁ください。まずは、貴編集部を訪ね、竹田様に村上氏への取り次ぎをお願いすることから始めさせていただければと思います。あるいは、熊本在住の吉本由美氏に貴編集部への取り次ぎをお願いすれば実現いたしますでしょうか?

二点目。

今回の「熊本旅行記」。これまでにない視点で県内各地を切り取っていただき、大変ありがたく感謝申し上げます。

熊本といえば、熊本城と阿蘇、天草。誌面が少ないとどうしても古くから語られている著名な観光地に目が行きがちですが、今回は違いました。

たとえば「海の上の赤崎小学校」は時が止まったまま朽ち果てるのを待っていますが、その姿が語るものも多く、不思議と惹かれる場所です。隣接した公園もまた、黄昏るのにもってこいの場所です。しかしここには毎週水曜日になると郵便局が開設され、「海に浮かぶ赤崎水曜日郵便局に自身の水曜日の物語を送ると、知らない誰かの水曜日の物語が送られてくる」というちょっと不思議で村上春樹的な(と勝手に思っておりますが)アートプロジェクトが行われています。(ご興味があれば「赤崎水曜日郵便局」でご検索くださいませ)

こうした場所を村上氏に紹介いただけたことは地元民としても大変ありがたい思いです。もちろん、ご案内いただいた吉本氏に負うところが大きいと感謝申し上げます。

そこで、お願いとご提案です。今回の「熊本旅行記」を海外に向け何らかの形で出版するということはできないものかと考えております。まずは中国語を、そして英語、仏語も。世界中のハルキストに村上春樹が切り取った熊本をぜひ知っていただきたいのです。もちろん、熊本に足を運んでいただきたいとの下心です。いかがでしょうか？　村上氏に直接ご相談申し上げたいところ、術がありません。竹田様が残して行かれた一枚の名刺を頼りに連絡を差し上げております。（便りを差し上げております、と書こうと思いましたが、タヨリがかぶりましたので別の表現にしました）

お時間を頂ければ幸いです。

と、したものの、面識のない編集者の方に、このような文《ふみ》をお出ししたものかどうか悩んでおりましたら、ふと、そういえば一昨年、月刊『文藝春秋』から原稿依頼を受け、そのときの担当者の方の名刺があったはず……と思い出しました。

藁《わら》にもすがる思いで電話をすると、大変ありがたいことに、好意的に受け止めていただき、仲立ちしていただけることになりました。

その後、メールで上記の文をお送りしたところ、早速お電話をいただきました。

お電話によると、「熊本旅行記」は、他の村上氏の旅行記と合わせ、今年秋にも単行本として発刊の予定であることが決まっておりました。編集者も他の方が担当なさるとか。新たな編集者が決まったらご連絡をいただくこととなり、海外向けローカライズについては、新たな編集者の方と調整をさせていただくことにいたしました。

できれば「熊本」だけを海外で出版できれば一番良いのでしょうが、欲をかいてはいけません。ここは、一日も早く海外で出版できることを優先したいと考えています。そして、村上春樹氏とくまモンの双方のファン（良い響きですね！）の方々が、赤崎小学校をはじめとした県内でも結構マニアックな場所を訪れていただけることを期待しています。

さて、この「熊本旅行記」は、二〇一五年十一月に発売された『ラオスにいったい何があるというんですか？』というタイトルの紀行文集の中に、国内では唯一取り上げられておりますので、ぜひご一読いただき、せっかくですからボストン編で語られる「クマモトオイスター」と熊本県との関連性についても思いを馳せていただきたいところです。

残念ながら翻訳されたとの情報は入っておりませんが、これは当方の努力不足です。あしからず。

ところで、熊本訪問後、一年を待たずに起きた熊本地震には、村上さんも大変心を痛められ、「そのときにお目にかかったみなさんが、今回の大地震でどのような被害に遭われたのか、心配でなりません。（CREAWEB「CREA〈するめ基金〉熊本へのメッセージ」より）」と支援金の募金を呼びかけてくださいました。

その後、『ＣＲＥＡ』編集部の方が再訪し、ウェブで熊本の現状をレポートしてくださいました。

さらに、村上さんご自身も、九月八日に来熊（ライユウと読みます。熊本に来ることです。覚えてくださいね）され、熊本地震の被災地支援のためにチャリティートークイベントを開催してくださいました。心より御礼申し上げます。

私たちは、ここぞ、とばかりに、くまモンとの対面について編集部を経由してご提案したのですが、「くまモンは遠くから見ているくらいがいい」と実現には至りませんでした。

う〜ん。果たしてくまモンが村上春樹氏に会える日は訪れるのでしょうか……。

指揮者・山田和樹さん、作詞作曲家・森田花央里さん——合唱組曲「くまモン」

良き流れは、良き人を呼び、良き企画に繋がる……とは、今作った格言？　ですが、似たようなことは古今東西の賢者！　が口にしていることです。

様々な分野のくまモンファンが、しかもその分野で高く評価されている「ビッグネーム」の方々から、新しく、楽しく、誰かを幸せにする企画を提案し、実現していただけるのは、まさにそれであり、蒲島知事が言うところの「くまモンの共有空間の広がり」であることに間違いないと思っています。

その良き流れの一つとして、二〇一六年八月に開催される「第五十八回熊本県芸術文化祭オープニングステージ」に向け、県文化企画課の職員が熊本県立劇場の職員と共に当課を訪ねてこられたのは、二〇一五年十二月二十四日のことでした。

「ヤマカズが贈る　新・合唱」とタイトルにあったものの、クラシックに疎い私は、「のだめカンタービレ」の「千秋真一」のモデルと巷《ちまた》で言われていると言われなければ、ピンと来なかったわけですが、少なくとも「のだめ」のおかげで「ブザンソン国際指揮者コンクール」での優勝という経歴の持ち主と聞いただけで、どうやらすごい人らしいと思い、くまモンの大ファンだと聞けば素晴らしい方に間違いないと確信したのが山田和樹さん。

「ブザンソン国際指揮者コンクール」は、過去において小澤征爾さんや佐渡裕さんが優勝しているという、若手指揮者の登竜門と言われています。

その山田和樹さんの提案で合唱組曲「くまモン」を制作し、熊本県芸術文化祭オープニングステージで発表したいのでご協力いただきたいと言われれば、二つ返事でお答えするしかありません。

しかも、作詞作曲は、東京芸大卒にして、「行方不明になって」いない半数のうちのお一人で、眉目秀麗な森田花央里さんにお願いするとのこと。これは迷わず「やっちゃえ！　くまモン」でしょう。

くまモンとクラシックの関わりは、これが初めてではなく、二〇一三年五月に佐渡裕さんがシエナ・ウインド・オーケストラと共に熊本を訪れ演奏会を開催した際に、客員指揮者……もとい、サプライズゲストとして、コンサートのアンコール時に登場し「星条旗よ永遠なれ」のタクトを振っており、会場全体がくまモン熱に浮かされたかのように大いに盛り上がりました。

そのときくまモンが振ったタクトは、くまモンの体格に合わせ、佐渡さんが急きょポスターを丸めて作ったものであり、公演後、佐渡さんにサインを入れていただき、くまモンにプレゼントされました。

このタクトは、その年の秋、天皇皇后両陛下が熊本県庁にお見えになられたとき、特別展示品の一つとしてご覧いただいたりもしております。

翌年……知事から特命を受け、音大で指揮のレッスンを受けるように、とあったことを、くまモンも私たちもしっかりとスルーして今日に至っており、今回のお話は渡りに船、世界的な指揮者を脇に立たせてでも、くまモンに指揮をさせたいと、なんとも大それたことを考えながら話を聞いていた次第です。

打ち合わせの中では、歌詞については、くまモンのイメージにふさわしいものにしたいので、しっかり協議させてほしいとか、できれば「くまもとサプライズ！」や「くまモンもん」「ハッピーくまモン」等、これまで発表しているくまモンの音楽をうまく取り入れ、その主旋律をちりばめ、展開していくことで、初めてながらもどこか聞いたことがあるような親しみが持てるようにできないかと、厚かましくもあれこれと提案をしたりもしました。思い返せば本当に恥ずかしい限りです。

その後、県立劇場では森田花央里さんと打ち合わせを重ね、夏には県立劇場で公演されることになります。どんな組曲が完成するか私たちも大変楽しみにしていました。

しかし、事件です。

「くまモンの応援歌」「くまモンのタンゴ」「くまモンのハッピーバースデー☆」「くまモンの子守歌」の全四曲から構成されるはずでしたが、最後の一曲がどうしてもくまモンのイメージにそぐわないと思えて仕方ないのです。

何よりもお母さんが出てきちゃう。

生きものなんだから、お母さんがいるのは当たり前なのですが、くまモンは、あまりキャラ立てをしたくないという思いがあります。くまモンが大好きなファンの皆さんの一人ひとりの中にあるイメージを大事にしたいのです。

ですから、ファンの皆さんがプライベートな範囲で「想像の翼を広げる」ことは大歓迎です。ただ、今回は熊本県も関与するイベントというオフィシャルな面があります。思いを込めて作詞してくださった森田さんには、申し訳なくて仕方なかったのですが、また、素敵な歌詞であることは間違いないのですが、泣く泣くお蔵入りとさせていただきました。森田さん、本当にごめんなさい。

森田さんに作詞を依頼した山田さんも不本意だったのでしょう。初演（二〇一六年八月二十八日）当日、ステージで、このお話に言及されたのですよねぇ。

「本当は、もう一曲あったんだよね。だけれど、くまモンのお母さんが登場しちゃうんだよね。だけど、くまモンはママがいない設定なんだよね。どうもよくわからない。だったら、どうやって生まれたのかわからないんだけれど、それで困るって言うので、お蔵入りしちゃった……」

山田さん、ごめんなさい。

演奏はもちろん素晴らしいもので、流れるようなメロディーライン、思わずステップを踏みたくなる歯切れの良いテンポ、そして元気いっぱいになるリズム、とまあ、個人的な感想ですが、これを一回きりで終わらせるのは「もったいない」と、すぐに森田さんにはお願いをして、翌年二月に開催した「くまモンファン感謝祭2017inYOKOHAMA」の会場で再演していただきました。

二〇一七年二月二十六日、ランドマークタワーのオープンステージにて、今回は地元の横浜少年少女合唱団の皆さんに歌っていただき、ファンの皆さんに大きな感動をお届けすることができました。

これからも国内外のあちらこちらで「合唱組曲くまモン」の歌声が広がることを期待してやみ

「合唱組曲くまモン」の初演のステージ（写真提供：熊本県立劇場）

ません。

さて、今回は、「合唱組曲くまモン」でした。しかし実は、交響曲あるいは交響詩「くまモン」をどなたか巨匠と言われる方に作曲していただけないかと途方もないことを考えていました。

これまで、一緒にダンスができる「くまもとサプライズ！」や森高千里さんに歌っていただいた「くまモンもん」や四カ国語で歌われている「ハッピーくまモン」などが世に出ていますが、クラシックのジャンルは未だ開拓できておらず、サプライズゲストとしてタクトを振っただけで、クラシックを語ることはできません。

チャイコフスキーの「くるみ割り人形」のように楽しく明るく軽快な旋律と、シベリウスの「フィンランディア」のように荘厳で感動的な合唱曲がミックスされ、熊本の雄大な大地や自然を背景に、やんちゃなくまモンがサプライズとハピネスを広げて回る様を表現できたら、どんなに素晴らしいことか。

そして、できれば、二〇一九年女子ハンドボール世界選手権熊本大会のオープニングセレモニーで世界から集う多くの皆さんにお披露目ができれば、クラシック音楽に乗せて熊本の世界観を伝えることができる。これは熊本の新たなレガシーになるに違いない！……と勝手に夢を膨らませております（もちろん、筆者の個人的見解です。あしからず）。

いや、むしろ大きな舞台があればこそ、それを目標に事は進むはず。「月に行こうという目標があったから、アポロは月に行けた。飛行機を改良した結果、月に行けたわけではない」とは楽天の三木谷浩史さんの言葉ですが、くまモンだって、「二〇一一年三月の九州新幹線全線開業までに、関西での熊本県の認知度を二倍にする」という明確な目標があったから、型破りなことができたのです。

熊本県民が、ときに合唱組曲の一つひとつを歌い、ときに全編を演奏する場を設け、歌い奏で伝えていく……。

ベルリンを拠点に活動されておられる山田和樹さんが、この曲を世界各地で演奏してくだされば……うおぉぉぉぉ！　と、想像するだけでも叫びたくなるじゃないですか。

くまモンの共有空間の広がり

知事がよく使う言葉に「**くまモンの共有空間の広がり**」があります。

これは、熊本県だけでくまモン全体をプロデュースするのではなく、「**楽市楽座（ロイヤリティフリー）**」によって、誰もが自由にくまモンを使って、その活動エリア、活動ジャンルを広げていくことができることを指します。

前著『くまモンの秘密』の中で知事は、「『**この線から先の人たちは、くまモンを知らなくていい』という限界を作ってはいけない。**常にフロンティアをどんどん延ばしていくことです」と語っています。

私たち県職員が持つ知識や能力は限られており、予算はもっと限られており、それに縛られて、くまモンの活動そのものに限界ができてしまっては、もったいない。もっともっと大きく育ってほしい。そのために差し伸べられる手はすべて掴んで離さない！　そんな気持ちの表れでしょうか。

幸い、「一流は一流を知る」とでも申しましょうか、様々な分野の第一線で活躍されておられる方々によって、くまモンはそのフロンティアをどんどん延ばしています。

そして、ここでお伝えしておきたいのは、それぞれの方々がくまモンとのコラボを楽しみにされ自発的に関わってくださっているという点です。私たちからこれらの方々にお金を払ってくまモンのプロモーションをお願いしているのではありません。

「いくら払って、あの方（匿名希望）とのコラボが実現できましたか？」という質問を受けることがありますが、その答えが、これです。

ここまでストレートに記載しても、きっと信じていただけないのでしょうが……。

なお、知事は組織のトップとして、わかりやすく「誰もが自由にくまモンを使って」と語りかけますが、一定の決まりごとはもちろんありまして、文字通り「自由に」使えるわけではありません。ぜひ、事前にくまモングループまでご相談ください。この場をお借りしてお伝えしておきます。

第六章

くまモン、ビッグステージに立つ

歌舞伎座の舞台に立つくまモン（写真提供：熊本日日新聞社）

第六四回NHK紅白歌合戦

二〇一三年は、くまモンにとって本当にたくさんのエポックメイキングな出来事がありました。その中でも特筆すべきは、大晦日、NHK紅白歌合戦に出演したことでしょう。

どこかで見たような書き出しですが、それほど特筆すべき出来事が多かったということです。

「ゆるキャラグランプリ2011」で優勝して、熊本県庁に凱旋《がいせん》した頃から、くまモンは、「夢は紅白歌合戦！」と言ってはいたものの、そもそも歌えないくまモンが紅白？　と、当時は夢物語に違いなく、まあ勝手に言わせておけば、と思っていました。

が、言霊《ことだま》とはよく言ったもので、ダメ元でも口に出しているうちに、世間が、そして私たちが、なぁんとなくそれを望むようになっていきます。

二〇一三年に入り、くまモンの人気がこれまで以上に高まる中で、じわじわと、NHKでくまモンが取り上げられることが多くなり、期待を持ってもいいのかなぁと、なぁんとなく、そんな流れになっていることを感じてきます。

いやいや、現場にいると、なぁんとなく、感じるときは感じるものなのですよ。

とはいえ、十一月に入り、司会者が発表になり、出場歌手が発表になる中で、くまモンへのオファーは届きません。当時は、紅白歌合戦の司会や出演者等の発表には順番があることなど知るはずもなく、不安が募っていた某月某日、ＮＨＫから、確定とまでは言えないけれど、その方向で検討している旨の連絡がありました。

ただ、公表は十二月に入ってからになるので、それまで外部に漏らさぬようにとのお達し。まるで異動の内示のようなモンだな、と、ならば「外部に漏らさぬように」とは、「関係者には報告しておけよ」と同義と捉え、蒲島知事まで報告しようとしましたが、知事に報告してしまうとすぐにあちらこちらで話してしまいかねないので（嬉しい情報は一刻も早くみんなで共有したい性格ですから）、しばしお預けといたしました。

他方で、準備は怠りなく。ホテルや飛行機の予約を急いだのは言うまでもありません。

ＮＨＫ放送センターを見上げるくまモン

十二月二十五日、地元『熊本日日新聞』で紅白出演が記事になりました。県民へのクリスマスプレゼントのような粋な計らいです。

十二月三十日、東京渋谷のＮＨＫ放送センターを見上げるくまモンの姿がありました。リハーサルです。ＮＨＫは、決して初めてのお目見えではありませんが、今日ばかりはくまモンもそして私たちも気持ちが高ぶります。

本番になれば、私たちは客席やロビーに入ることは許されません。ひたすら控え室で出番を待つしかないのです。

紅白歌合戦時の控え室は、NHK全館を使います。出場歌手、ゲスト、とにかく多くの関係者の皆さんがNHKに集中しますから、ホールの楽屋は出演回数も多い大御所と言われる歌手の皆さんから割り振られます（これは推測の域を出ません）。くまモンには別の建物の会議室が充てられました。ゆえにモニターもなく、紅白歌合戦のまさにその会場たるNHKにいるにもかかわらず、紅白歌合戦が見られない！　という、なんとも間抜けな状況です。唯一くまモンが出演している間だけは、舞台袖のモニターで確認することができます。それゆえ、客席からステージを見るのはリハーサルだけです……。そしてリハーサルは、歌手本人ではなく、代役が立つことは業界の常識です。残念！

くまモンと一緒に、ふなっしーとなめこも出演します。

出場歌手ではありませんので、センターステージに立つことはできませんでしたが、オープニングのNHKホール前からの中継とステージ前室でのふなっしーとの共演（県の特産品である晩白柚とデコポンを持っての登場、のはずが、取っ組み合いになっちゃいましたが）、そして、AKB48の「恋するフォーチュンクッキー」のときにステージ袖でふなっしーやイカ大王とダンスを共演……と三回の出番に十分満足したくまモンです。

すでに元日を迎えた深夜二時。知らぬ土地で食べる年越し蕎麦も乙なものでした。

第三七回俳優祭――歌舞伎座

熊本県山鹿市にある芝居小屋八千代座で市川海老蔵さん、麗禾ちゃん親子と一緒にステージに立った同年同月（二〇一四年三月）の二十七日、今度は歌舞伎の殿堂、歌舞伎座の舞台に立つことになりました。

第三七回目、新築なった歌舞伎座では初となる俳優祭が開催され、その演目の一つ、幡随院長兵衛の「お若いの、お待ちなせえやし」のセリフで有名な「鈴ヶ森《すずが もり》錦繍雲駕《にしきのくもかご》」に、くまモンが役者として招待されました。

「ここは東海道品川にほど近い刑場、鈴ヶ森。おたずね者の白井権八をとらえようと、豪華な（？）雲助《くもすけ》たちが、あの手この手でからんでくる」（日本俳優協会ホームページより）という名場面です。

当日の「筋書き（パンフレット）」には、解説として次のように記されています。

『鈴ヶ森』は、鶴屋南北作の「浮世柄比翼稲妻」の二幕目にあたる、まさに歌舞伎ファン

「御存知」の名作。実説ではこの鈴ヶ森の刑場で磔刑《たっけい》になる前髪の美少年白井権八が、江戸での後ろ盾となる侠客《きょうかく》幡随院長兵衛と出会う名場面です。各時代の名優による顔合わせが語り継がれ、その型が克明に伝承される一幕ですが、今日はこの演目を得意としていた七代目松本幸四郎の玄孫である松本金太郎と藤間大河が権八役と長兵衛役に挑み、なんと幹部俳優が雲助・飛脚・駕籠かきとなって絡む大御馳走の大舞台です。現在でも旧跡として残る髭題目の塚の前で、どのような滑稽な立廻りが展開されるでしょうか。あの全国的人気のゆるキャラも登場します。

そう、「あの全国的人気のゆるキャラ」として、俳優祭の筋書きにもちゃんと名を連ねているのです。そして、「幹部俳優が雲助・飛脚・駕籠かきとなって絡む大御馳走の大舞台」の一翼を担うのがくまモンです。

その役柄が「雲助」と聞いての皆さんの反応は様々かもしれませんが、俳優祭は歌舞伎に携わる皆さんが年に一度、一日限りのお祭りで、いわゆる人間国宝と言われる方々が模擬店や裏方も務めます。ちなみにこの日、雲助に名を連ねた役者さんは、尾上菊五郎、中村吉右衛門、中村梅玉、片岡秀太郎等々といえば、その豪華さがわかるというものです。

学生時代に毎月のように歌舞伎座に通っていたため（当時は三階席が学割で八〇〇円でした）、早い段階から、くまモンの新たなフロンティアとして、いつかは歌舞伎座の舞台に立たせたい！

と思ってはいたのですが、公民館の舞台に立つのとは訳が違います。そう簡単にいくはずもありません。

また、通常の公演はひと月にわたります。そこにくまモンを出すことは、万が一にも先方の都合が宜《よろ》しくても、一カ月もの間、歌舞伎に専念することは、当方の都合が宜しからず、正直実現は難しいとは思っていました。

ただ、俳優祭ならば、一日限りの公演です。しかも文字通り俳優の皆さんのお祭りですし、過去の俳優祭の舞台でも、世相を反映した様々なサプライズを取り込んだ演出がなされていますので、望みはあると踏んでいました。

歌舞伎座の前で

しかも、豪華な顔ぶれが揃うため、それぞれの役者さんのご贔屓《ひいき》筋でもないとチケットが手に入らず、生の舞台はなかなか見ることができないというシロモノ。くまモンにかこつけて俳優祭が開催される歌舞伎座に身を置いてみたい、生の舞台が観たい！……なんとも公私混同な発想！ではあります。

が、しかし、すべてはこちらの思い込み。妄想の域を出ておらず、そもそも事がそんなにうまく運ぶわけがない……と思っていたのですが、これらすべてのハードルを、くまモンは難なくクリアし、気がつけば、歌舞伎座の舞台に立つことになってしまいました。もちろん、熊本から馳せ参じましたですよ。

実は、歌舞伎座を運営している松竹株式会社のご出身で、現在は歌舞伎座舞台株式会社の代表取締役社長をされている荒牧大四郎さんの故郷が熊本という強力なご縁がありました。

「今、勢いのあるくまモンを登場させたらどぉ？　七代目市川染五郎の長男松本金太郎くんと四代目尾上松緑の長男藤間大河くんの子ども二人を主役に立てるのなら、喜んでくれるだろうし、ちょうどいいんじゃない？」

と、推薦をしてくださったそうです。

同社は、歌舞伎座の地下にある木挽町《こびき》広場のお土産物売り場の運営に携わっており、その商品展開の一つとして、くまモンと歌舞伎のコラボ商品「かぶきくまモン」を商品化したいとの依頼が東京事務所にありました。

具体的には、石川五右衛門や弁天小僧菊之助の出で立ちをしたくまモンのイラストが入ったクリアファイルやキーホルダーです。

最初、提示されたデザイン画を職員が見たときは、顔が引きつっておりました。

「これ、アリですか？　髪はボサボサ、額に三日月、全身派手な着物姿……」

「くまモンのイメージが……」

「いやいや、これは楼門《さんもん》五三桐の石川五右衛門でこっちは白浪五人男の弁天小僧菊之助。石川五右衛門ならば髪はボサボサ、弁天小僧菊之助なら『面に受けたる看板の疵《きず》がもっけの幸いに……』というセリフもあるくらいだから、この三日月はトレードマークの疵なの」

「……それは、与話情浮名横櫛の切られ与三のセリフだったかと……」

「……いや、まあ、それはそれとしても、トレードマークに変わりはないの」

と、あやふやな知識に疑いの目を向けられつつも、歌舞伎に縁がないと、どうしても滑稽なデザインに見えてしまうのでしょうが、これら商品が木挽町広場に並ぶと、一般のお客様だけでなく、歌舞伎役者の皆さんが、我先にと、お買い求めになられたというのですから、ありがたい話です。

二〇一六年大納会――東京証券取引所

二〇一六年十月、熊本地震から半年が過ぎようとしていました。熊本では余震が続き、被災した県民の皆さんだけでなく、企業もまた復旧・復興に向け、そして県民の皆さんへの支援に汗を流しています。この年は、十月に入っても、まだまだ暑い日々が続いていました。そのような中

で、ぽつりと、

「トウショウのダイノウカイにくまモンを出せないものですかねぇ……」

とつぶやく職員が。

「トウショウ？」

「ダイノウカイ？」

「東京証券取引所のことですよ。ロンドンやニューヨークの証券取引所と並んで世界三大市場の一つと言われている。その東京証券取引所が年の終わりに一年の締めを行うのが大納会です。毎年、その年の有名人がゲストに呼ばれ、ダショウしたり、三本締めを行うじゃないですか。ほぼすべてのマスコミがニュースとして取り上げていますよ」

「ダショウ？」

「立会終了の鐘を打つことです。わかりやすく言えば、一年の株取引終了の合図ですね。私も長年株をやってるんで、毎年十二月三十日は、自宅で「一人大納会」と称して三本締めをしているんですよねぇ。一度本物の大納会の場に立ってみたいものだと思っているんですが、一般人はなかなか入ることができないんですよ……」

いるんですよ、こんな職員が。それが仕事に生かされるなんて、本人さえ思っていなかったのでしょうが……「人生に無駄はない」。ここでもまたどなたかの名言が頭をよぎります。

「それって、個人的な趣味で言っているの？」

「ええまあ、……いやいや、東京証券取引所といえば日本経済の中心地。年末の区切りに、その場所から、くまモンが熊本を代表して経済界の皆さんに熊本地震への支援に対してお礼申し上げるわけです」

「なるほど。いいストーリーだ。企業の皆さんへの感謝のメッセージも伝わるし、ニュースで取り上げられれば、県民の皆さんにも年末に良きサプライズになるかもしれないですね」

「でも、肝心の東証に、伝手はないんですよ」

「……その東証ならば、ない、わけでもない」

と、頭の中ではすでに思い浮かぶ人物が……。


東証といえば、二〇一六年春の叙勲で旭日大綬章《きょくじつだいじゅしょう》を受章された斉藤惇《あつし》さん（現在、一般社団法人日本野球機構会長、日本プロフェッショナル野球組織コミッショナー）は、東京証券取引所も含まれる日本取引所グループのCEOだったはず。しかも、熊本の出身で母校の先輩。

熊本で単に「母校」といえば、ほぼ間違いなく高校を指します……謎です。が、斉藤さんは高校だけでなく中学も一緒だったということが判明。一気に親近感が湧きます。

とはいえ、旭日大綬章。雲の上の存在ですし、未だ面識もありません……。

しかし、時を経ずに絶好のチャンスが訪れます。東京で開催された同窓会でお会いする機会を得たのです。東京では、こうした集まりにもくまモンが登場します。ゆえに、斉藤さんもくまモンは良くご存じです。

くまモンのステージが終わり、乾杯の発声の後、あまりお酒が入らないうちに、意を決し、守田事務局長を介して斉藤さんにご挨拶をした上で、趣旨を伝えます。

「ご存じのとおり、今年、熊本は地震があり、多くの県内企業が被災する一方、国内の多くの企業や経済界の皆様にご支援をいただき、どうにか復興に向け舵を切りつつあります。ご支援をいただいた経済界の皆様に、今や熊本の象徴となったくまモンが、熊本は元気です、引き続きご支援をお願いします、と、日本経済の中心である東京証券取引所の大納会の場で、この一年間のお礼のご挨拶をさせていただけないものでしょうか。もちろんそれは、県内企業や県民の皆さんの励みにも繋がるものと考えております」

と、一気に思いを伝えます。

「いいですね。ぜひ実現しましょう。担当役員には明日にでも電話を入れておきますよ」

斉藤さんは、間髪を容れずに、穏やかな笑顔でそう答えてくださいました。

阿吽の呼吸、とでも申しましょうか、同窓とはいえ、何千、何万人といる後輩の一人に過ぎませんし、お会いするのも初めて。にもかかわらず、くまモンをよくご存じであればこその即答でしょう。一瞬にして「思い」が共有された、そう感じた瞬間でした。

「よっしゃぁ！」(とは心の声)

快諾をいただき、ガッツポーズです。

斉藤さんのご紹介を受け、東京証券取引所を訪問したところ、大納会の件は、快く応じてくださいました。

早速、斉藤さんにお礼のメールを送ると、

「良かったですね。ご連絡ありがとうございます」

厚かましい後輩に、どこまでも温かい先輩です。

歌舞伎座舞台の荒牧さんもそうですが、こうした方々の多くの善意が凝縮された存在が「くまモン」なんですね。


十二月に入り、東証からは、大納会について記者発表が行われます。そこでは「本年の東京会場での大納会は、日本を代表する女子レスリング選手で、数々の大会で優勝した功績から、紫綬褒章を受章、そして今年、国民栄誉賞を受賞した伊調馨《かおり》さんをゲストにお迎えして、皆様と共に一年を締めくくりたいと存じます」と記されるのみ。くまモンについては、当日のサプライズとして事前の公表はなされていません。東証の担当の方とも打ち合わせした上での粋な計らいとなりました。

十二月三十日、大納会当日。伊調さんに次いで、くまモンが登場です。一瞬場内がどよめきま

打鐘の重責を終えた後、会場で記念写真

す。

人気モンのサプライズな登場への驚きか、はたまた証券取引所に「ベア」が現れるとは先行き不安の兆しと受け止められたか……。

「ベア相場」は、マーケット全般で使われている用語で、下落相場の呼称を言います。これは、熊が獲物を捕らえるとき手を上から下に振りかざす姿から来ており、「弱気相場」とも呼ばれています。

ネット上では「下げ相場の象徴〝ベア〟のくまモン、大納会に東証で鐘鳴らす」と揶揄《やゆ》されましたが、くまモンには、弱気相場など振り払うだけの勢いがあると、豪語しておきましょう（事実、一年後の二〇一七年の大納会は、過去最大規模の上げ幅で迎えることとなりました）。

五穀豊穣を祈念して鳴らす鐘は五回。伊調さんがオリンピック女子レスリング四連覇にして、オリンピック史上初の女性アスリート四連覇であることを記念して四回の打鐘を行った後に、締めくくりとなる五回目の打鐘をくまモンが行います。

伊調さんに場所を譲ってもらい、木槌《きづち》が渡されます。やや高いところに位置する鐘を、「熊本城のポーズ」さえおぼつかないくまモンが、無事鳴らすことができるのか……。慎重に木槌を運びます。すべてがコンピューター化され、円形の電子掲示板に取って代わり、場立ちの熱気がなくなったとはいえ、そこは歴史ある日本経済の中心地、ゲンを担ぐことは昔も今も変わりません。すべてを操るのは人間なのですから。ゆえに打鐘に失敗は許されません。そう、あの鐘を鳴らすのはあなただ、くまモン！　と、会場内の一同が固唾《かたず》を飲んで見守ります。そして……。

「カ――――ン」

場内から安堵とも取れる大きな拍手が湧いたことは言うまでもありません。

社会部ではなく、経済部の記者がこれをどう扱うのか興味がありましたが、日本経済新聞でさえ、極当たり前に伊調さんと共にくまモンを記載し、何の違和感もない書きぶり、日本のキャラクター市場も成熟したものです。

無事役目を終え、退席される日本取引所グループの幹部の皆様にお礼を申し上げていたところ、清田瞭《あきら》ＣＥＯから声をかけられました。

「私も熊本出身なんですよ。近見町です」

なんと、現役幹部にも熊本出身の方がおいでだったとは、勉強不足でした。

斉藤惇さんと清田瞭さん。熊本出身のお二人のためにも、今しばらくは、軟調な展開にならないことを祈った次第です……。

なお、当日のくまモンの晴れ姿は、伊調さんと共にパネルになり、東京証券取引所に歴代のゲストとして展示されることになりました。

ちなみに、歴代のゲストは、二〇〇二年は長嶋茂雄、二〇〇三年は毛利衛、Ｈｏｎｄａ ＡＳＩＭＯ、二〇〇四年は野村忠宏、二〇〇五年は為末大と続き、最近五年間は、二〇一一年が佐々木則夫、安藤梢、二〇一二年が吉田沙保里、二〇一三年が安倍晋三、佐藤真海、二〇一四年がシャーロット・ケイト・フォックス、二〇一五年が佐渡裕と、その年活躍された各界を代表する皆様ばかりです。

第六七・六八回ＮＨＫ紅白歌合戦

さて、先の紅白出場から時は流れ、二〇一六年。四月に起きた二度の震度七の大地震を受け、ＮＨＫはその後、「あさイチ」をはじめ様々な番組で熊本地震に触れ、熊本を支えてくださいました。その度にくまモンを出演させてもくださいました。

そうです、「なぁんとなく、そんな流れになっているのを感じ」るようになってきました。

今回は、くまモン自身の思いよりも、熊本地震で被災された方々を勇気づけたい、支援してくださった方々にお礼を伝えたい、という思いが先に立ちます。

ところが、十二月に入っても連絡がありません。もちろん、連絡がないということは、出演できないということです。

しかし、先に発表があった総合司会が、ニュース一筋、真面目さが際立つ熊本出身の武田真一アナウンサーに白羽の矢が立ったことを考えれば、また、氷川きよしさんが熊本城から生中継で「白雲の城」を歌われることや熊本出身の石川さゆりさんがトリを務めるという演出、加えてそこに、ＭＩＷＡさんと共にステージに立つというサプライズな招きを受けたのが熊本市立帯山中学校合唱部であるという情報まで飛び込んできたことを考えれば、熊本地震シフトが取られていることは間違いなし（と、これまた勝手な推測です）。

やはり、そこにくまモンがいなければ……と不安に駆られていたところに、連絡が。

何と言っても、日本の一年を締めくくる国民的番組です。出演させていただけることは、大変名誉なことです。

今回は、演歌歌手の三山ひろしさんが歌う「四万十川～けん玉大使編」のとき、「けん玉紅白選抜」の一人として、ＤＪ ＫＯＯさん、箕輪はるかさん、橋本奈々未さんと共に、けん玉を持っての出演です。控え室でひたすら練習していたくまモン。本番でもしっかりと役割を果たしてくれました。

また、氷川きよしさんの歌の前振りのとき、紅組司会の有村架純さん、白組司会の相葉雅紀さん、総合司会の武田真一アナウンサーと共に出演し、地震で傷《いた》んだ熊本へのメッセージを送ります。

そして、エンディングの審査の場面では橋本マナミさんと渡辺直美さんと一緒にアシスタントとして紅白の勝敗を左右するボール入れのお手伝い、と前回同様三回登場しますが、今回はメインステージにも登場し、熊本にエールを送ることができました。進歩です。

さて、前回二〇一三年、今回二〇一六年と、紅白の舞台裏、ステージ袖でくまモンの様子を見ていたカバン持ち職員の率直な感想は、三年間で状況が一変した、ということです。

前回も紅白にゲスト出演させていただけるほどの人気と活躍はあったわけで、舞台袖の待ち時間に、きゃりーぱみゅぱみゅさんをはじめ多くの出場歌手の皆さんに声をかけていただきましたが、今回は、石川さゆりさんや島津亜矢さんなど熊本出身の方々はもちろんですが、松田聖子さんや大竹しのぶさんが、満面の笑みを浮かべ、自らくまモンに駆け寄りハイタッチをしてくださいます。土屋太鳳《たお》さんは、ハグまで……。帯山中学校の生徒さんと一緒に歌ったMIWAさんや石川さゆりさん、さらにはX JAPANのYOSHIKIさんやピコ太郎さんなど男性陣までがくまモンとのツーショット写真を求め、先方から近づいてこられるのです。

そもそも紅白歌合戦の舞台袖です。出場歌手の皆さんが、お互いにスマホで記念写真なんてするはずもないですし、主催者から言わせれば「写真撮影はご遠慮ください。NHKなんで」という場所です。にもかかわらず、くまモンにだけは、皆がレンズを向けてきます。

これらはホンの一例に過ぎません。出待ちのくまモンが手を上げてハイタッチを求めると、前を通過するAKB48や欅坂46のメンバーやアンサンブルの皆さんまでもが次々にハイタッチに応えてくださるのです。笑顔を浮かべ「くまモンだぁ！……」と口に出しながら。出演者のみならず、それぞれのプロダクションのスタッフまでもがスキを見てスマホを取り出します。

このときの様子を、翌、二〇一七年元日の産経ニュースは、「舞台裏でくまモン奮闘」との見出しで、「このほか、〝舞台裏のMVP〟との評価を集めたのが、熊本県のマスコットキャラクター『くまモン』だ。テレビカメラに映っていないにもかかわらず、出演者に手を振ったり、ハイタッチを繰り返したりしていて、舞台裏のピリピリした空気を和らげていた。X JAPANの出演のときは、YOSHIKIのドラム演奏に合わせ、〝エアドラミング〟を披露。現場の盛り上げに一役買っていた」と、ネットで配信してくださっています。

「ちゃんと見てくださっているのねぇ」と思った次第です。

そうです、くまモンにとっては、「テレビカメラに映っていな」くても、人前に立てばそこがすべてステージだと考えているわけですから、当然の行いといえばそれまでですが、このように評価していただけるのは、これまでの努力の賜物です。ありがたい限りです。

今回の人気ぶりについて、一概に三年前と比べ明らかに高まった、と評価するつもりはありません。多くの皆さんが熊本地震の報に接し、あるいは熊本に駆けつけ、あるいは義援金を寄付してくださるなど、様々に関わってくださっているのでしょう。そうした背景があればこそ、これまでと違った思いでいてくださるのかもしれません。

他方で、珍しい生き物が場違いな場所にいる、と思われているのではないかと考える心配性のカバン持ちであります。

さらに翌二〇一七年、熊本は人吉市出身のウッチャンこと内村光良さんが総合司会を務める第六八回NHK紅白歌合戦にも、くまモンはゲストとして出演することができました。三回目となるこの年は、趣向を凝らしタキシード姿で登場し、初出演を果たした天草市出身のWANIMAを紹介しました。WANIMAのステージには、いつものコンサート同様くまモンのぬいぐるみが一緒です。

出演を待つWANIMAの皆さんと

かばん持ちといたしましても、もう「珍しい生き物が場違いな場所にいる」とは思いません。すっかり定位置を確保したかのように多くの歌手の皆さんとコミュニケーションを取っている姿に、年末の風物詩としてこれからもNHK紅白歌合戦での活躍を期待する次第です。

二〇一九年のNHK大河ドラマは、日本マラソンの父にして、箱根駅伝の開催に尽力したと言われている、熊本の和水町出身の金栗四三さんを主人公の一人にした『いだてん』です。このPRのためにも、二〇一八年の紅白歌合戦には、四回目となるくまモンの登場を願うばかりです。

そのときは、マラソン選手姿に扮するくまモンを登場させていただくつもりです。

大くまモン展――阪急うめだ、銀座松屋、ジェイアール名古屋タカシマヤ

本書初稿の時点では、「くまモン展」（と言っても、天皇皇后両陛下が熊本にお見えになられたときの「くまモン展」ではなく、ここでは、デパート催事としての「くまモン展」のことです）が実現できないかと、エピソード欄に今後の希望を記載していたのですが、くまモンの成長は著しく、本書出版までの間に実現してしまいました。恐るべし、くまモン。

熊本地震から半年が経った頃からでしょうか。熊本県には複数の百貨店から、様々な形でくまモンとコラボした商品開発や熊本城をテーマとした催事開催等についてのお話が届き始めました。いずれも熊本地震からの復興に向けた動きであることは間違いありません。ありがたいことです。

その過程で、株式会社オークの栄さんと知り合うことになりました。

初めてお聞きするお名前の会社ですが、実は百貨店催事の専門家集団で、自ら企画立案にも携わっておられるとのこと。関わった催事を見ればその質の高さは一目瞭然です。

打ち合わせの中で、これまで多くの方々に語ってきたように、「くまモン展」についての夢をお話ししました。

全国のデパートでは、一週間単位で様々な催事が開催されています。各地の特産品を取り揃え

た物産展も人気催事の一つです。

熊本の百貨店でも開催されていますが、単独の自治体でお客様を呼べるのは、北海道、京都、沖縄、大江戸（東京）、金沢（石川）の五つではないでしょうか？　後は、東北、北陸三県、四国といった地域になります。熊本もまた、九州の物産展という枠組みでの出展になります。

なんとか、一本立ちできないか？　六番目に名乗りを上げたい。

他方で、機関車トーマスとなかまたち展、スヌーピー展など、キャラクター展も人気があります。

もうおわかりでしょう？　この二つを足し合わせて、新しい形の催事として開催できないものでしょうか？

「くまモン展」を開催し、様々なお宝を展示します。これまでにいただいたトロフィーや楯、賞状、コラボした限定グッズ、非売品のピンバッジコレクション、絵本の原画、漫画、欧米に行った際の未公開写真や映像、様々な衣装などを使って、くまモンの歩みを見ていただきます。

こうした展示等を見た後は、熊本県の様々な産物が待っています。いずれも、くまモンをデザインしたパッケージに収まっています。海の幸と山の幸に恵まれた熊本県ですから、こちらもコンテンツが不足することはありません。

もちろん、サプライズでくまモンが登場することもありましょう。できれば、東京の老舗百貨店で……。

お話ししたのは、概ね以上のようなものだったでしょうか。最後に、

「県としては、様々なコンテンツの貸し出しや、くまモンの出動については全面的に協力しますが、これにかけられるお金はありません」

と付け加えるのは忘れません。厚かましいことに、「くまモン展」の開催に当たり、県の予算を使うことは、さらさら考えていないのです。しかし、それが不可能ではないことも承知していました。百貨店も十分なメリットを考えて判断なさることでしょうから。

黙って私の話を聞いておられた栄さんは、

「それ、面白いですね。ぜひ検討させてください」

と、前向きな回答です。そして、あまり日を置かずに、

「銀座松屋や阪急うめだ本店が関心を示しています。阪急うめだ本店は、この夏にも開催したいとの意向ですが、どうですか？　他にもジェイアール名古屋タカシマヤも来年ぜひと、開催の意向です」

というお返事をいただきました。

正直面食らってしまいました。もとい、驚きました。

というのも、一〇行前で大見得を切ったものの……。つまり、これまでくまモンを通じて多くの方々と出会いが生まれる中で、いつも大風呂敷を広げて、このような夢のようなお話をさせていただいており、話を聞いていた相手は「面白いですね」と言ってくださるものの、そこで終わ

ってしまうことが多かったからです。

ただ、中には、これまでにも本書で紹介してきたように、「夢のようなお話」を一緒に実現してくださる「夢のような方」が少数ながら確実に存在します。栄さんもその一人でした。

しかも、阪急うめだ本店での開催が正式に九月に決まると、ある日突然現れ、展示にふさわしいコンテンツを根こそぎ、ゴッソリ持っていかれ、本当に私たちの手も費用もかけることなく実現してしまわれたのです（もちろん、筆の勢いというやつで、いくらなんでも突然現れることはなかったですし、ゴッソリというのも大袈裟な表現なのですが……）。

銀座松屋オープニング式典。駐日フランス大使、HKTの田中美久さん他をお招きして（撮影：宮井正樹）

さらに、開催の記者発表までには、大阪、東京、名古屋以外の地域でも開催されることとなり、「大くまモン展」は、全国各地で開催される勢いです。日本の三大都市のしかも商業の中心地に立地する老舗百貨店という大舞台で開催された「大くまモン展」のオープニングには、もちろん、くまモンも駆けつけ、多くのお客様と交流を深めました。

銀座松屋での開催は、「大くまモン展」として、熊本の物産展とは切り離した熊本地震復興というチャリティーが中心となっていますが、阪急うめだ本店では、一週間後に九州物産展が開催されており、ジェイアール名古屋タカシマヤでは、九州の物産展との併催が実現しました。遠からず、「九州の物産展」が「熊本の物産展」となり、「大くまモン展」と「熊本の観光と物産展」とが一体となった催事が実現できればと期待しています。

くまモン、東京大学、北京大学、ハーバード大学の教壇に立つ

くまモンは、この他にも、蒲島知事と共に、知事が名誉教授を務める東京大学、北京大学、そして知事の母校ハーバード大学の教壇に立ち、知事の「くまモンの政治経済学」と題した講演のアシスタントを務めています。

いずれの教壇も、キャラクターの登壇は大学始まって以来のエポックメイキングな出来事で、ビッグステージに違いないのですが、どう考えても主役は知事なので、ここではこうした出来事もあったと記すにとどめます。

ご関心がある方は、知事にお聞きになってくださいね。

チームくまモンの流儀 6

仕事は楽しく

楽しい仕事はない。だからこそ仕事を楽しくする工夫はしたい。

楽しいことはお金を払ってするもので、お金をもらって楽しいことができるなんて考えたこともありません。

とはいえ、世の中には趣味を仕事にしたり、好きなことを仕事にしたりしている人がいることは承知しています。うらやましい限りです（こうした方々もまた、陰になり日向になり様々な努力を重ねられていることは重々承知しております）。

しかし、**仕事を楽しくする工夫はできる**のではないかと考えます。

チームくまモンの場合、そのハードルは低く、たとえば、自分の趣味を生かしてくまモンの共有空間を広げることは、ちゃんとしたお仕事です。趣味に限らず、最近の流行ものについてもアンテナを張って、何かしら活用できないかと頭を常にフル回転しておかないと内外の方々との会話についていけません。

ホンダをはじめ、第四章で紹介した各企業の方々は、そのあたりがよくわかっておいでです。バイク好きな職員が、ホンダとのコラボをきっかけにフランスはル・マンのMotoGPにまで行ってしまう……トンデモナイ職員です（笑）。

これらの過程で、私たちはダメ元で声を上げるように学び成長しました。「**気づいたこと、思ったこと、見たことを仲間に話したり伝えてみよう。アイデアは出てくるし勇気も出てくる**」というわけで、仲間だけでなく、その道のプロに向け、「皿を割る」覚悟でトンデモナイ話を投げかけてきました。

「紅白に出たい」「歌舞伎座の舞台に立ちたい」「大納会に行きたい」……様々なビッグステージにくまモンは立ってきましたが、口を閉ざし、思いを心の内に秘めているだけでは、決して伝わりません。しかし、声を出し、思いを話していると、共感を得、助けてくれる人が現れるものです。事実、私たちには多くの救いの手が差し伸べられ、実現に至っています。

いくら「趣味を生かして」と言っても、その成果、楽しみを独占することは許されません。楽しいことはみんなでシェアする。その思いがあるからこそ、共感が得られるのだと考えます。

小山薫堂さんは、仕事を引き受けるに当たって「**その企画は新しいか、その企画は楽しいか、その企画は誰かを幸せにするか**」を旨としていますが、「楽しい企画」とは、こういうことなのかなあ、と考える次第です。

第七章 庁内に広がるくまモン

熊本の温泉PRで本当に温泉に浸かってしまった動画
「くまモンの休日」のワンシーン

「くまモンスクエア」誕生——くまもとブランド推進課（現・くまモングループ）

前著では、「熊本県くまモンランド化構想」として「熊本県全体を『くまモンランド』と想定し、官民挙げてそこかしこに『くまモン仕掛け』を施し、観光客をサプライズしよう！」と様々な夢物語を描いてみましたが、あれから五年、夢物語は現実のものとなって多くのファンの皆さんにサプライズを提供しています。

熊本駅をはじめ県内各地の施設ではＦＲＰ（繊維強化プラスチック）のくまモン人形がお出迎えをしていますし、自動販売機にはくまモンが描かれています。お店ののぼりやフラッグはもちろん、中に入れば、おしぼりや箸袋にまでくまモンが……。

中でも、二〇一三年七月二十四日にオープンした「くまモンスクエア」は、本人希望の営業部長室を備え、ミュージアムの役割も果たす名実共に「くまモンの聖地」として、現在も国内外から多くのファンが訪れています。

くまモンスクエアは、熊本市内の中心市街地再開発事業として、二〇〇二年三月に竣工したテトリア熊本ビルに熊本県が所有する「観光物産交流施設くまもと県民交流館」の一部として、これまではもっぱら県産品の販売を行っていた場所です。

しかしながら、売り手と買い手が固定化し、売り上げが伸びずに新たな事業展開を検討していたところに、降って湧いたくまモンブーム（いやあ、謙遜です。謙遜……）。

起死回生の策として「皿を割る」覚悟で取り組んだのが「くまモンを活用した観光物産情報発信施設」です。まあ、行政ですからなんともお堅い表現になってしまうのはご容赦ください。

予算措置後、運営事業者や基本デザインの選定、施工と五カ月間で行ったのは、民間ではいざ知らず行政としては相当な早さだったと自負しております。

なんとか夏休みに間に合わせたい……との思いでした。

およそ二〇〇平方メートルという限られたスペースに、部長室、物産販売、展示スペース、イートインコーナー、さらにはステージまで。もちろん観光情報発信も忘れてはいけません。

今や「くまモンの聖地」、くまモンスクエア

くまモンスクエアには、「ゆるキャラグランプリ2011」のトロフィーをはじめ、これまでくまモンがいただいた様々な賞状、著名人との写真、サイン、営業部長として取り組んだ商品等々が所狭しと展示してあります。

目玉の営業部長室は、本当の熊本県の部長が使っている古いスチール製の机を持ち込み、なぜか今では県庁でも使われていない黒電話が鎮座ましましております。机の上のガラス板の間に挟まっている小物にも目を留めてくださいね。

毎日ではありませんが、週に五日は、くまモンも訪れ、ステージでパフォーマンスを披露します。決められた日時に来れば必ずくまモンに会える唯一の場所です（夏休みや冬休みなどは毎日くまモンが登場します。在室スケジュールは都合により変更になることもあります。くまモンスクエアに行かれる方は、事前にホームページでチェックくま、してくださいね）。

残念なのは、スペースが狭いため、一度に入れるのが一二〇人程度です。くまモンのステージがあるときは、入場制限がかかることがしばしば。入れなかった方は、会場の外から中の様子を見るしかありません。それでもくまモンは、くまモンスクエアへの入退場のときは、中に入れず表で待っているファンの皆さんとハイタッチをすることを忘れません。細やかな気配りができるヤツなのです。

くまモンスクエアで販売しているお土産物は、「メイドイン・くまもと」「メイドバイ・くまもと」にこだわりを持っています。

当時すでに国内各地でくまモングッズが購入できるという状況の中、わざわざ熊本に、くまモンスクエアに足を運ばないと入手できない商品で構成しようと考えたわけです。

くまモンスクエアだけでの販売ですからロットも限られてきます。少量生産について理解をしてくださる事業者の方々でなければ協力していただけません。値段も多少お高めになります。それでも「こだわり」がないと遠からず飽きられてしまう、と考えるからです。

また、熊本県の伝統的工芸品とのコラボにも力を入れています。他県同様、熊本にも歴史と伝統に培われた素晴らしい工芸品があります。が、なかなか多くの人の目に触れる機会がありません。

ちなみに、熊本県には熊本城に隣接した場所に「熊本県伝統工芸館」という県内の伝統的工芸品を一堂に集め、展示・販売している施設があります。全国を見ても、県立では石川県立伝統産業工芸館と熊本県の二施設のみという貴重な存在です。レンガをあしらった外観や施設から望む熊本城も素晴らしく、ぜひお立ち寄りいただきたい場所です。

人気が出たくまモンをデザインすることで、まずは手に取ってもらい、求めてもらい、工芸品自身の良さを知ってもらいたいとの思いです。

来民の渋うちわ、木葉猿、人吉の花手箱、宇土の蒼土窯《そうどがま》や天草陶磁器等々、くまモンがデザインしやすい工芸品もあれば、そうでないものもありますが、ご理解のもと協力していただいております。

人吉の花手箱は八百年の歴史がある中、ここまで大胆にデザインを変えることはかつて一度もなかったと言われていますが、女性のお客様に大変人気が高い商品となっています。

また、蒼土窯は柔らかい粘土に実物の草花を押して型を取り、素焼きした後、彩色して焼くという焼き物ですが、これに上手にくまモンを組み合わせることで楽しいデザインに仕上がっており、くまモンスクエアで販売するようになってからは結婚式の引き出物としてもご注文をいただくようになりました。

この他、県産食材をふんだんに使用したスイーツも食べることができます。

この「くまモンスクエア」は、くまもとブランド推進課の中でも県産品販路拡大班が所管していました（二〇一七年度の組織改編に伴い、同班は観光物産課に、「くまモンスクエア」はくまモングループに移管）。

観光物産情報発信施設を所管している同班が、くまモンを活用した施設に衣替えすることで、より多くのお客様に来ていただけるようになり、施設設置の目的も果たしているという、優良事例と自負しております。

最近では、国内よりも海外からのお客様が多い日が続いているとか。すでに手狭になっていますので、できればくまモンミュージアムや博物館がほしいところですが、それはまだ夢物語です。

くまモンほっぺ紛失事件キャンペーン――広報課（現・広報グループ）

二〇一三年秋、くまモンのトレードマークである真っ赤なほっぺがなくなるという事件が起きました。もちろんこれは、県が企画した新たなプロモーションですが、このサプライズを仕掛けたのは、くまもとブランド推進課ではなく、広報課です。

首都圏戦略の一環として、熊本県では「くまもとの赤」のキャンペーンを展開しています。元々熊本県は、全国でも有数の農業県です。トマトやスイカは全国一の生産量を誇り、いちごもベストスリーに入ります。畜産では、あか牛や熊本名物の馬刺し（馬刺しは桜肉と呼ばれていま す）、鯛や車海老など赤い水産物もあります。熊本の正月には欠かせない赤酒と呼ばれるお酒もあります（熊本のお屠蘇《とそ》は赤酒が使われます。ちなみに、県内外の多くの日本料理店では、味や色見が良いという理由で味醂《みりん》に代えて赤酒が使われています）。

これらに加え、火の国熊本やロッソ（イタリア語で赤）から生じたサッカーJ2のロアッソ熊本や、熊本を象徴する火山（阿蘇山）ヴォルケーノを意識して名付けられたプロバスケットチーム、熊本ヴォルターズ等々、赤にまつわるものといえば枚挙に暇がありません。このような、多くの赤い農畜水産物等をもっと世に知らしめたい、というのが狙いです。

そのプロモーションの伝道師としてくまモンに白羽の矢が立ちました。二〇一三年といえば、すでに東京でもくまモンの認知度は高まり、「熊本県」の認知度さえ凌ぐ？と言われていました。そのくまモンの人気にあやかり、一芝居打とうという魂胆です。所管は広報課。徐々にではありますが、県庁内の各課がそれぞれの施策の推進にくまモンを活用し始めました。

とはいえ、庁内だからと言って、好き勝手にくまモンをいじってもらっては困ります。くまモンのブランドイメージを維持し高めるためには、一定の決まりごと＝レギュレーションが不可欠です。そしてそれを守るのは、くまもとブランド推進課をおいて他にありません。庁内ではまだ単なる「人寄せパンダ」ならぬ「人寄せくまモン」との認識が支配的だったのです。

各課が行う企画コンペには、必ず同席し、提案の内容に目を光らせます。二〇一三年度の「くまもとの赤」のコンペも然りです。

もちろん、各課の施策を進めるための企画コンペに、くまモンの活用は必須ではありません。

しかし、企画会社の多くは、今や「時の人」となった？　くまモンを使った提案を出してきます。まあ、何と言っても他のキャラクターやタレントさんと違って使用料はタダですから……

「公務員なんで」。

しかし、このときの各社の提案は、正直ひどかった。くまモンの全身を赤に染めた「あかモン」であったり、オリジナルはいじらないものの真っ赤な全身ストッキングを着せたり……。申し訳ないですが、その程度のアイデアであれば、すでに課内でもコーヒーブレイク時の立ち話で会話され即却下の憂き目に遭っています。

その点、くまモンのトレードマークである真っ赤なほっぺがなくなる＝落ちる、というのは、レギュレーションでいえばアウトですが、全体のストーリーをうまく構成し、サプライズ感などを強調できれば、ギリギリセーフかなあ、と判断しました。

「ほっぺが落ちた理由はどうするの？」

「理由がいりますか？」

「いるでしょう。そこは、公務員なんで」

「？？？　くまもとの美味しいものを食べすぎてほっぺが落ちた、ではどうかと考えています。昔から、ほっぺが落ちるほど美味しい、と言うじゃありませんか」

「くまモンは日頃から、くまもとの美味しいものしか食べないのだから、今さらほっぺは落ちようがないでしょ」

「ですから、『食べすぎ』た。と」

「ほっぺが落ちるのは『美味しい』からで、『食べすぎた』からじゃないでしょう！」

「…………」

「ところで、本当にほっぺを落とすんですか？」

「もちろん、そのつもりです」

「その期間中は、ほっぺを落とした、つまり、ほっぺのないくまモンが活動をするということになりますね」

「そうですね」

「それって、『くまモン』ですか？」

「ほっぺのない『くまモン』です」

「……大人の集まりだけならまだしも、それで幼稚園に行かせることができますか？」

「…………」

　と、大変危ういスタートではありましたが、タイトなくまモンのスケジュールをなんとか三日間だけ確保し、できるだけ子どもたちのところへの出動を避けて実施することになりました。

ストーリーとしては、「くまモンスクエアに登場したくまモンに、トレードマークの赤いほっぺがないことにファンが気づき、会場が大騒ぎになる。知事が緊急記者会見を開き、全国に向けて『ただのくまさん（小山薫堂談）』になり、関連商品も投げ売り状態。他のゆるキャラたちが新時代の幕開けと俄然張りきり始める。くまモンは遺失物届けを警視庁のピーポくんに提出。東京の銀座や渋谷などでは通行人にチラシが配られ、ほっぺ探しの協力を依頼。有力な手がかりがない中、三日目を迎えたところ……」と、オチをお話しすると、面白みにかけますので、実際のムービーをネットで見ていただければ幸いです（「くまモンのほっぺがなくなった⁉」を検索してください）。

熊本県としては、「熊本県知事緊急記者会見くまモン失踪⁉（二〇一〇年）」「くまモン営業部長シリーズ（二〇一一年）」に次ぐ、二年ぶり三作目のくまモンショートムービーです。知事も久しぶりに「緊急記者会見」出演となりました（賢明なる読者諸氏であれば、二〇一〇年のくまモン失踪⁉事件を覚えておられることでしょう）。記者会見だけでなく、今回は様々な見どころを知事にも用意してあります。ぜひ、検索の上ご笑覧ください。

このプロモーションでは、岩手県広報広聴課が同県のゆるキャラ「わんこきょうだい・そばっち」のほっぺに、くまモンの赤いほっぺがくっついていた！　と写真付きでツイートしたり、市川海老蔵さんがほっぺ探しに進んで協力してくださったりと、それぞれが「ほっぺ、ここで見つけた」「これ、そうじゃない?」と、身近な赤をくまモンのほっぺになぞらえ、SNSで情報が寄せられるなど、ファンをはじめ多くの皆さんを巻き込んだ展開となりました。

また、各方面でくまモンのほっぺを探していただいた方々にお礼として「くまもとの赤」の代表格でもあるトマトを「ありがとまと」としてお贈りするイベントも開催しました。

後に、「ありがとまと」は定番化し、さらに「おめでとまと」なる派生商品まで誕生します。

『くまモンの秘密』では、小山さんの著書『考えないヒント』から、「PRというと、どうしても『どう伝えるか』ということにお金を使いがちですが、僕の場合は、お金を落として、そこに生まれた面白いものをみんなが見に来るようにする仕掛けをつくる、という発想をします。今ある予算でどれだけ広告を打てるかというのは単なる足し算引き算の世界。真ん中に落としたら、掛け算みたいに相乗効果でいろいろなものが絡まって広がっていく、というイメージです」と引用し、「私たちもこんなことに挑戦したい、と思いました」と結んでいますが、今回、広報課が選び、取り組んだのは、まさにそんな企画ですよね。

さて、今回の一連のキャンペーンは、二三のテレビ番組で取り上げられ、新聞掲載は三〇件、四〇〇以上のウェブサイトが話題にするなど、十分な成果を上げることができました。

ハリウッドのWOMMYアワード授賞式会場にて（写真提供：〈株〉電通パブリックリレーションズ）

さらに、国内外の様々な広告業界の賞を一五も受賞するというおまけまでつきました。その中から二つだけご紹介します。

世界的なPR業界の賞でもある「グローバルSABREアワード」においては、「世界のベストPRプログラム50選」に選ばれ、主催者からは「このようなクリエイティブなビッグアイデアを企業ではなく、地方自治体に対して提案し、実施するための承認を得られたということは素晴らしい」「大きな目的のためにアイデンティティを大切にするキャラクターの容姿さえも変化させるなど、自治体と一致協力した勇気ある取り組みだ」といった評価をいただきました。クライアントの「地方自治体」としては、褒められているのか微妙ですが、そこはまあ深く詮索しないことにします。「公務員なんで」。

また、「WOMMYアワード」では、エンゲージメント賞の銅賞を受賞しました。これはアメリカのマーケティング団体WOMMA（Word Of Mouth Marketing Association）が二〇〇六年から主催し開催されている、世界のクチコミマーケティングの最優秀事例を決定する賞で、日本の事例が受賞したのは今回が初めてです。受賞式では、くまモンが登場。トロフィーをいただき、世界中から集まったマーケティング関係者から大歓迎を受けました。

「WOMMYアワード」の授賞式がハリウッドで開催されることをわずか一週間前に知り、広報課職員を説き伏せ、手続きも慌ただしく送り出したことも、良き思い出となっております。もちろん、これがくまモンの「ハリウッドデビュー」です（笑）。

さらりと書いてしまっていますが、業界の方がご覧になれば、その重みがおわかりいただけるものと思います。それをあっさりとやっちゃうのがくまモンの凄味なんですね。

くまモン、ダイエットに挑戦する――広報課（現・広報グループ）

広報課の「くまもとの赤」の首都圏プロモーションは、翌二〇一四年度も続きます。

前年、ほっぺを落としたくまモンが、今年は体重を落とす。という提案が採用されました。

「くまもとの赤とダイエット？　どんな関係があるんですか？」

と質問すると、「待っていました」とばかりに、

「実は、熊本県は健康県なんです」

と、もっともらしい様々なデータが並びます。

「健康の秘訣は、食にあり。くまもとの赤こそが健康の源という流れです」

「二〇一二年に始まった熊本城マラソンがきっかけとなって、今熊本では健康ブームが来ていま

すし、さらに二〇二〇年の東京オリンピック・パラリンピックや二〇一九年のラグビーワールドカップと女子ハンドボール世界選手権大会と、国際スポーツイベントを前にして、健康は大切なキーワードとなるに違いありません」

「そこで、適切な指導者を得て、くまモンがダイエットに挑戦する、という企画です」

「くまモンがスリムになっちゃうの？」

「そこは、まだ……」

「今年もオチを考えずに、見切り発車かい？」

昨年度の「落っこちたくまモンのほっぺ」がどのような形で見つかるか、深く考えずにスタートして、オチをつけるのに大変な苦労をしたことが思い出されます。

「腹筋が割れたくまモンは見たくないな」

「あの体型だからこそ愛されているのに、ダイエットなんて必要ないでしょう」

「……せっかくでしたら、タニタ食堂で、くまもとの食材を使ったヘルシーメニューを作ってくださいませんかね。ノリの良いタニタなら一役買ってもらえそうな気がするんですが」

「タニタさんなら、その前に、くまモンの体重を量りたがるんじゃないですか」

「それ、ストーリーに追加しましょう」

と、当のタニタを棚に上げ、盛り上がります。

と、ここで、「何それ?」「ノリの良いタニタって?」と聞くようであれば、チームくまモンは務まりません。この手の話は雑談の中でしっかり共有されています。

ご存じない方に説明いたしますと、この当時すでに、企業の公式（中には非公式）ツイッターは企業広報の一翼を担い、企業の顔ともいえる存在になっておりまして、そのツイートぶりが話題になることもしばしばありました。

ここでいう、「ノリの良いタニタ」とは、電気機器メーカーのシャープと事務用品でおなじみのキングジムとの間で交わされているツイッターから派生したちょっとした事件で、インターネット全盛の昨今、あえてアナログなお手紙で文通しましょうと投函したシャープからキングジムあての郵便が料金不足で帰ってくるという、なんとも目の付けどころのシャープさに欠ける（失礼！）この一連の過程が、そのままツイッターで実況されていたところ、シャープのもとにタニタから郵便物用の計量秤《ばかり》が送られてくるという、なんとも粋な計らいがなされたのです。しかもデジタルではなく、あえてアナログ秤という、目の付けどころがシャープなタニタの神対応を指しています。

このやりとりについては、うろ覚えでしたので、今回あらためてネットで検索したところ、「シャープが目の付け所を間違える『キングジムさんにはじめて手紙出したら…』―Togetter まとめ togetter.com/li/726440」に一連のツイートが掲載されておりますので、詳しくお知りになりたい方は、そちらでぜひ、リアル感を味わってください。

ちなみに本書では、どぉでも良いことですが、シャープはこのときすでに「目の付けどころがシャープでしょ。」から「目指してる、未来がちがう。」に会社のスローガンを変えているのですが、皆さんお気づきでしたか？　そして二〇一六年には「Be Original.」に変更しています……「神は細部に宿る」と言います。変化を見逃さないチームくまモンです。

さて、私たちの逆提案が採用され、実際に「ノリの良いタニタ」とのコラボは実現し、くまモンは丸の内にあるタニタ食堂を訪れ、体重測定もし、健康指導も受け、美味しいタニタ食堂の料理をいただき、お決まりのように真っ赤なデジタルの体重計をプレゼントされ、仕事も忘れて帰って参りました。

後日、タニタ食堂監修の「くまもとの赤」を使ったヘルシーメニューが熊本県庁食堂に登場することにもなりました。が、噂を聞きつけたファンの皆さんで十二時前には完売し、職員の口に入ることはありませんでした……。

話を戻しましょう。ダイエットを行うに際しては、その道の権威である熊本大学の都竹茂樹教授に「4Uメソッド」を基本にした体操を考案していただき、雑誌『ターザン』でその特集ページを設ける企画が採用になったのですが、私たちチームくまモンは、ダイエット用のくまモンオリジナルデザインのジャージをスポーツ用品メーカーの協賛を得て作ろう、とか、映像化も試みようといった提案をしていきます。

結果、ジャージについては、アディダスが最高級の素材を使って作ってくださいました。後に、市販もされ、この年の誕生祭では、このジャージを着たファンが熊本市内を闊歩《かっぽ》するという現象も起きました。

また、映像化には、これまでお付き合いのある日本コロムビアに私たちから協力をお願いすることにしました。

「くまモン4Uメソッド～みんなで踊るばい篇」他二篇は、都竹茂樹教授にも登場いただき、「ラジオ体操第一～熊本弁バージョン」も収録。また、子どもたちに大人気のケロポンズとくまモンが共演した「エビカニクス」やサービスカットも収めました。

逆提案で実現したＤＶＤ「くまモンとハッピーエクササイズ！」

ＤＶＤ「くまモンとハッピーエクササイズ！」は、こうした経緯で二〇一五年三月十二日のくまモン誕生祭で発売されました。

くまモンを活用した県のプロモーションは、必要な予算はつぎ込みますが、企業が県のプロモーションと連携して商品化、つまり売れるものを作っていただく、あるいは、費用対効果が得られるアイデアを提供し県の予算はつぎ込まない。こうした摩訶不思議なことがまかり通っています。

予算をできるだけ使わずに効果の高いプロモーションを行う。そのために、チームくまモンは、連携する企業の利益のためにも惜しみなく知恵を出し合います。

香港で熊本を売る——流通企画課(現・流通アグリビジネス課)

アジアでいち早く、くまモンに白羽の矢を立てたのは、香港の一田(ヤタ)百貨店です。地元資本の百貨店であるヤタは、日本のライフスタイルを香港に紹介することで急成長を遂げていました。そこに販路を広げるために頑張っていたのは農林水産部の流通企画室(現・流通アグリビジネス課)です。

いちごやサツマイモなどを中心に輸出を行い、知事もまた二〇〇九年から熊本フェアの店頭に立ちトップセールスを行ってきました。

百貨店の構成は、日本とあまり違いはありません。地下に食品売り場があり、売台と呼ばれる棚やワゴンに熊本県産の農産品を並べ、派手なポスターでお客の目を引き商品を手に取ってもらうというものです。場所の広さや期間・プロモーションの内容に応じて百貨店に払う費用も変わりますが、出店側で費用を負担することには違いありません。熊本フェアが終われば、よその県がそこでフェアを開催するといったことが繰り返されています。

　香港の人口は限られているものの、隣接する深圳《しんせん》からは絶えず多くの人々が香港に行き来しています。深圳は巨大なマーケットである中華人民共和国のゲートウェイに当たります。香港で人気のある商品は、そのまま大陸に繋がっていくのです。

　ゆえに、香港でのトップセールスは海外の他産地はもとより、日本国内の産地間の競争の場所でもあります。産地間競争から抜きん出る、「何か」が求められます。

　くまモンの登場は、ここでも力を発揮しました。

　日本のライフスタイルを取り入れるために日本の流行に敏感な、ヤタ百貨店の若きダニエル社長（当時）の目に留まったのが、くまモンでした。

　二〇一三年からは、ダニエル社長の提案で、熊本産の農産品を売り込むトップセールスの際、くまモングッズをおまけにつけることになりました。

　チラシや店頭のポップにもくまモンのイラストを使います。

　やがて、既製品ではなく、ヤタオリジナルのくまモングッズを作りたいと言われます。

　当時はまだ、くまモングッズの海外販売は認めていませんでした。ですから、販売ではなくおまけに使うというのです。

　様々なイラストデザインが送られてきて、速やかな判断が求められます。その度に、流通企画課の職員がくまもとブランド推進課に走ってきます。ヤタのスピード感、意思決定の速さには舌を巻いてしまいます。また、このために使われる費用も半端なものではありません。

店内だけでなく、店舗外でのＰＲにまでくまモンが登場することになります。多くの香港人の目にくまモンが印象づけられるようになったのです。

香港におけるくまモン人気の高まりは、いち早くヤタが大々的な広告を行ってくれたおかげと言っても、あながち間違いではないかもしれません。

こうして流通企画課を通して付き合いが継続する中、お互いの信頼関係も深まっていきます。やがて、ぜひともくまモングッズのコーナーを設置したい、と言われたのは二〇一三年の秋だったと記憶しています。

当時、国際課からの圧力（笑）で、海外販売解禁に向け作業を進めている最中でした。規程を整え、手続きを明確にする……そうした事務的な作業はどうしても必要になります。

「それまで待てない。これまでの信頼関係を決して裏切らないから」と、ヤタのダニエル社長は知事に直談判する勢いです。

そこで、関係課とも相談し、くまモングッズコーナーを設ける際に、必ず正規品、つまり熊本県内の事業者から商品を仕入れること。さらに、熊本県産の農産物について、百貨店側で売台を用意し、一年を通して継続的な販売を行うこと。と、かなり強気な条件を示してみました。

ダニエル社長は、「わかった」と即答です。

これまで、出店側で費用負担をして期間限定で農産物を展示販売していたのが、一気に、百貨店側で費用負担をして年間を通して販売していただくことになりました。

二〇一四年三月、成長著しいヤタ百貨店との間で、「くまモンの活用による熊本県の認知度向上と県産品販売に関する覚書」を締結。他に先んじてくまモンショップがオープンしました。

ダニエル社長の思いはこれにとどまらず、今度はくまモンのカフェを作りたいと言い出します。素晴らしいアイデアマンです。そして実行力も。

香港・一田（ヤタ）百貨店にオープンした「Kumamoto Cafe」

こうなると、目に見えて形になっていくことが私たちにも楽しくて仕方ありません。なんとか実現できる方向で検討できないか……気持ちも動きます。

そうして、熊本の農林水産物を使用したメニューにすること、熊本の観光情報発信を行うことなどを条件として、この提案を飲み、二〇一四年十月、ヤタ七番目の店舗のオープンと併せて、熊本・くまモンをテーマとした「Kumamoto Cafe」が店開きしました。

二〇一五年一月二十八日、知事公邸にダニエル社長の姿がありました。

長年にわたる、熊本県産農林水産物の販路拡大への貢献が認められ、表彰式の後、懇談会が行われたのです。この席で海外初となるくまモンファン感謝祭の開催が決まりました。

また、これに応えるかのように、ダニエル社長からは、くまモンのイラストを使ったヤタオリジナルのクレジットカードを作り、一定額を熊本県のふるさと応援寄付金として寄付してくださることが表明されました。

クレジットカードの取り扱いは翌二〇一六年三月から。同じ三月の二十七日・二十八日には「くまモンファン感謝祭in香港」がヤタ百貨店で開催されました。

香港でくまモン人気の基礎を築いてくださったのは、間違いなくヤタのダニエル社長ですし、流通企画課もダニエル社長の無茶ぶりに付き合い、くまもとブランド推進課との間で苦労されたことだろうなと思いますが、その努力は実を結び、熊本県の農林水産物の輸出額もまた確実に増加しています。

もし、ヤタと流通企画課の二者間での協議であったとしたら、販路を拡大したい流通企画課がヤタの提案に折れるしかなかった、かもしれません。くまモンのブランドイメージを守るセクションが他にあればこそ、そしてそこがヤタに負けないほどに成長著しいくまモンの実力を理解していればこそ、県が一体となって、求めるべき要求ができたと考えています。

ヤタで火がついた香港におけるくまモンの人気は、その後も上昇しています。くまモンを活用して営業に結びつけたい香港サークルKやイオン香港からもオファーが入り、二〇一五年からは定期的な熊本フェアが開催されています。それぞれもまた、オリジナルの販促ツールにくまモンを使うなど積極的な展開がさらにくまモン人気を高めていく、好循環が生み出されています。同業他社ともコラボするくまモンならではの戦略の賜物です……「公務員なんで」。

くまモンの休日――観光課（現・観光物産課）

二〇一六年三月十二日、熊本市中心部にある鶴屋百貨店東館七階にある鶴屋ホールでは、くまモン誕生祭「感謝の集いふれあいステージ」が開催されていました。ロビーにはファンの皆さんの入場導線沿いにくまモンの写真が展示され、大勢のファンはその写真を一点一点見ながら、ホールに足を進めます。

そこには、阿蘇の五岳を背景に屋外の湯船に心地よく浸かったくまモンのポスターもあるのですが、ほとんどの方は大して気にも留めずにいます。

それを見ながら、「ムフフ」と意地の悪そうな笑みをたたえている県職員がいました。

誕生祭のステージが始まります。しばらくの後、ホール内の暗がりの中でスクリーンを見つめる大勢のファンの方々から悲鳴が上がりました。

ホール内での予想どおりのリアクションに、職員は満足して会場を立ち去ります。

隣県大分が「おんせん県」で売り出している中、熊本県も全国五番目の温泉県として、対抗意識を燃やしていたわけではないのですが、これまでは外部のタレントを起用したポスターや動画になぜかこだわっていた観光課が、二〇一五年度は、企画コンペを実施した上で、くまモンの起用に転じます。

もちろん、観光課でも、これまで毎年、観光ポスターにくまモンを起用してはいますが、温泉との絡みでは縁がありませんでした。と、いうよりもトラウマになった事件のせいかもしれませんが……。

「くまモンを温泉に入れたいと考えています」

そう切り出したのは、コンペに参加した某社です。

「古い！　すでにくまモンは温泉に入っちゃってるでしょ。何年前だったっけ？　山鹿温泉さくら湯。二番煎じは、くまモンらしからぬ」

「三年前ですね。二〇一二年十一月十六日」

「くまモンが、やらかしちゃったヤツですね。生放送で、まさかの混浴事件」

「いやいや、勝手に話を作らないでください。混浴と言われれば否定できませんが、そこじゃなくて、くまモンがシナリオもなく温泉に浸かった方が問題でしょう」

「その意味では、あれは放送事故です。あのインパクトが強く、この三年間、どの社もくまモンと温泉を繋げて考えることができなかったのも事実ではないかと思います。が、そろそろオフィシャルの動画をネットにもアップしないと、いつまでも『くまモンと温泉』で、あの動画が検索上に現れては……」

「いやぁ、あれはあれで、笑える動画で楽しいけどね」

「今回は、きっちりと、シナリオどおりにやらせていただきます」

「くまモンがシナリオどおりに動くとは思えんが……」

「CGじゃダメなの？　大人の事情も考慮してよ」

「私たちもそれを考えましたが、やはり事実としてくまモンが温泉に入るという行為が重要だと考えます。そこをCGでごまかしては、三年前を超えることはできません。大人の事情は別途解決案を持っています」

（大人の事情は、大人の事情なのでこれ以上の説明はできません。悪しからず）

「くまモンファンを含め、国外からも多数の観光客が訪れるようになっています。そうした方々をも意識して、入浴のマナー向上に繋がるものに仕上げますので、ご期待ください」

「万が一、三年前を超えられないとしても、相乗効果が得られることは間違いないです」

「あっ、しっかり逃げ道を作ってる！」

　こうした会話があったとは、とても思えませんが（フィクションです！）、結果この企画が採用されることになりました。対外向けの公式発表は次のとおりです。

熊本県と公益社団法人熊本県観光連盟では、源泉数全国第五位を誇るくまもとのおふろ（温泉）を県内外に広くアピールするため、熊本県営業部長兼しあわせ部長のくまモンを起用したPRポスターを作成しました。

この温泉ポスターは、連日のように全国を飛び回っているくまモンが、休日はくまもとのおふろでリフレッシュし、楽しんでいる姿を撮影したもので、日々の仕事や家庭で忙しい毎日を過ごされている皆様に、「次の休日はくまもとの〝おふろ〟でゆっくりしてほしい」という思いが込められています。

また、今回の温泉ポスターに関連した動画も作成し、三月十二日から開催される「くまモン誕生祭２０１６」でプレミアム動画が初公開されます。その後は熊本県観光サイト「なごみ紀行」でも公開する予定です。


（『熊本県観光サイトなごみ紀行』二〇一六年二月二十六日より）


入浴するまでに、だいぶ引っ張って思わせぶりな動画ですが、入浴シーンでは、

「CGは使用せず本当に入浴しています。」

と、念のためキャプションを入れています。

冒頭の悲鳴は、このシーンで起きたものです。

上映後の休憩時間、ロビーのポスター前に人だかりができたのは言うまでもありません。

さて、この動画「くまモンの休日」の最後の方で、

「ワレ・ワレ・ハ・ウ・チュウ・ジン・ダ」

の声が聞こえてきたならば、あなたは立派な昭和人です（笑）。

動画は現在も公開中です。「くまモンの休日」で検索してご笑覧ください。

県民手帳にパラパラマンガ——統計調査課

「真面目で堅い」というイメージを持たれがちな公務員の中にあって、統計調査課といえば、正真正銘、真面目で堅くなければ務まらない職場かもしれません。統計の基礎となる数字を扱うからです。

その仕事は、
1　統計法（平成十九年法律第五十三号）及び熊本県統計調査条例（昭和三十年熊本県条例第十九号）に基づく調査（他課所掌のものを除く）に関すること。
2　県勢の調査に関すること。
です。

たとえば、国勢調査や人口動態調査といった人口の移り変わりに関するもの、労働力調査や賃

上げ・賞与要求・妥結状況など労働や賃金に関する調べ、食料・農業・農村基本計画や森林・林業基本計画に基づく様々な施策に必要な基礎資料となる農林業センサス、工業統計調査、商業統計調査、事業所・企業統計調査、消費者物価指数、住宅・土地統計調査、大気・化学物質・騒音等調査、観光統計、宿泊数動向調査、学校基本調査、衛生統計、男女共同参画に関する県民意識調査等々、数え上げれば一〇〇を優に超える様々な調査が県内でなされており、それを司るところが、統計調査課です。

この統計調査課が、何かくまモンを扱えないか？　と考えて、相談に来られたのが、県民手帳のリニューアルの件でした。二〇一三年の秋に差し掛かった頃のことだったでしょうか。

統計調査課がくまモンを活用するといえば、様々な調査を行う上で、調査書にくまモンのイラストを入れて、

「協力してほしかモン」

と、吹き出しに書き込めば、その場も和み、より協力が得られるというのが一つでしょうが、それとは別の相談でした。

どちらかといえば、若い方々よりも、企業人、つまりは分別ある大人が日常に携行するイメージが強いのが県民手帳です。統計に基づかずイメージで語ってはいけないのですが……。

この県民手帳を統計調査課（正確には同課内の統計協会）が発売しているのは、手帳の後半にミニ知識として市町村便覧等の様々な統計情報を充実させているからだけではありません。

「その歴史は古く、一九六〇年に実施された第九回国勢調査に前後して統計調査員向けに作成されたものが後に広く市販されるようになった」（ウィキペディアより）という経緯があるからです。コンパクトにして胸ポケットにも入れやすいサイズ（一五・〇センチ×九・一センチ）、表紙の色は年ごとに異なりひと目で区別がつきます。

さて、半世紀以上も前に登場したこの歴史ある県民手帳は、外見、内容共に、ほぼ完成されており、表紙の色を除けば、どう手の入れようがあるのか。毎年継続して使っている方がほとんどでしょうし、例年どおりに作っておけば何も文句の言われようもなく、下手に手を加えればお叱りを受けかねないのではないか。そんな心配が頭をよぎります。

そこに手を入れようというのですから、大いに敬意を払うべき案件です。

提案は、

・表紙にくまモンのイラストを入れる。裏表紙には後ろ向きのくまモンも。
・各ページの隅には異なるデザインのくまモンを入れ、パラパラマンガになるようにしたい。
・くまモンのオフィシャルサイトのQRコードも掲載する。

くまモンがあしらわれた歴代の県民手帳

これで、立派なくまモン手帳の出来上がりです。二〇一三年版は裏表紙に登場していただけだったのですから、くまモンも出世したものです。

二〇一三年十一月、二〇一四年版県民手帳が、税込四五〇円で発売されると、もちろん、くまモンファンをはじめ多くの方々から支持されました。

東京都内のロフト二店舗では、各県の県民手帳を扱っていますが、「県民手帳人気ランキング」で堂々の四位を獲得。その後二年間は三位と人気を維持します。

四年目を迎える二〇一七年版県民手帳（お値段変わらず税込四五〇円）は、表紙・裏表紙にレイアウトされたくまモンのイラストやパラパラマンガになっているくまモンもリニューアルされ、初めて第一位を獲得しました。

厳しい商談や堅い会議の席上、この手帳を取り出すことで、場の緊張が和らいで快方に向かえば何よりです。

手帳という限られた中だからこそ、知恵の出しよう、工夫のしようがあるというものです。これからの改善にも期待したいと思います。

「くまモン債」？――財政課

「ゆるキャラ界のエース格『くまモン』が意外な分野に進出した」

で、始まるのは、『日経グローカル』二〇一四年十一月十七日号「特集　細るミニ公募債、知恵絞る自治体　低金利の逆風、市場規模八年で半減」の中での書き出しです。

くまモンは、今では熊本県の様々な施策において活用されています。先にご紹介した「くまもとの赤」キャンペーンのような農林水産物や加工食品等の販路拡大、観光振興キャンペーンの「くまモンの休日」などはわかりやすい例ですが、他にも教育、土木、自動車税の納税率や選挙の際の投票率アップのための顔としても活躍しています。

人事部門では、優秀な県職員を獲得するための採用試験に向けて、活用しています。……もちろん、採用説明会での「オリジナルくまモンクリアファイル」ゲット、が目的では困るのですが、「熊本県では『皿を割る覚悟で』創造的な仕事ができますよぉ〜」と、くまモン営業部長の活躍を例とし、安定志向ではなく積極性のある職員を採りに行っているのです。

この人事と双璧をなす、県の中でも「真面目で堅い」財政課から、思いもしない相談を受けたのがこの「くまモン債」です（この「真面目で堅い」は一般的なイメージであって、特定の個人を指すものではありません。もちろん著者個人の感想でもありません。悪しからず）。

読者の皆さんも「国債」については、ご存じのはず。少なくとも名称くらいは聞いたことがおありか、と。大雑把にいえば、その地方自治体版とお考えください。

二〇一四年度第二回全国型市場公募地方債の公募に際して、くまモンを活用したい、との相談です。愛称を「くまもとが好きだモン債」としたい、との希望も持たれていました。

財政課といえば、くまモンの活動費用を含め、課の、否、県全体の予算編成権を持っています。徒《あだ》や疎かにはできません。

「県の施策での活用ならば、ストレートに『くまモン債』にすれば？」

との逆提案をしましたが、

「PRすべきは『くまもと』なので、少し長くなるが『くまもとが好きだモン債』にしたい。もちろん、『くまモン債』と呼ばれる分にはかまわないが」

と、思考が堅いのか、はたまた柔らかいのか、判断しかねる返事です。

「ついては、個人投資家の方々に関心を持ってもらい、購入に繋がるようなアイデアがほしい」

とのこと。

地方債は、国債と異なり、各地方自治体がそれぞれで販売します。その利率は各県横並びで差別化が難しいのだそうです。ゆえに、くまモンを活用して差別化を図りたいと考えての相談です。もちろん多額の予算をつぎ込むわけにはいきません。

ちょうど、相談を受けた時期は、来年度のカレンダーの製作に取り掛かっていました。それゆえ、毎年発行するのであれば、購入された個人投資家にカレンダーを返礼として贈ったらどうだろうかとの提案をしましたが、できれば課オリジナルが望ましいと言います。

そこで、熟慮した結果、提案したのが、「くまモンからの感謝状」と「くまモンオリジナル写真」。

これまでの経験から、これならば、少なくともファンの皆さんは関心を持ってくださるとの確信がありました。

さらに、今後も継続して四回はこの愛称で販売したい、とのことでしたので、オリジナル写真は毎回違ったものにすることや、五回すべて購入いただいた方には、別途サプライズなおまけを考えてはどうか、などを提案しました。

この案を採用し、財政課では、県外の個人投資家を念頭に、県の観光PRに繋げたいと、「観光パンフレット」を加えた「三つの特典」として募集リーフレットで紹介しました。

「くまもとが好きだモン債」の返礼でお贈りした各年の「くまモンオリジナル写真」

九月二十六日、財政課が記者会見を行うと、Ｙａｈｏｏ！ニュースをはじめ、朝日や読売といった全国紙だけでなく、県外各地の地方紙でも「くまもとが好きだモン債」が取り上げられました。

その直後から、

「くまモンが大好きだから、どうしても買いたい」

「県外に住んでいても買えるのか？」

「どこで買えるのか？」

といった問い合わせが、全国各地から相次ぐことになります。

また、十月八日の募集開始当日には、肥後銀行東京支店に開店前から行列ができたとの情報も入ってきました。もちろん、東京支店に行列ができたのは初めてです。

くまモン自身も、十月末に東京で開催された合同説明会に出席し、ＰＲのお手伝いをします。

結果、購入者は、北は北海道から南は沖縄まで全国各地に及び、個人向けが八七三人、額にしておよそ一六億円の販売を達成しました。これまでの購入者は県内がほとんどで、過去三年間の平均は約一〇〇件、販売額はおよそ五億円だったことを考えると、目覚ましい成果と言えます。

さらに、購入された方からは、

「観光パンフレットを見て熊本に旅行したくなった」

との声もあり、財政課のさらなる狙いも当たる結果となりました。


先に人事や財政、統計調査課に対して「真面目で堅い」と書いてしまいましたが、それは漠然としたイメージに過ぎません。しかし、読者の皆さんの中には、「公務員」そのものが「真面目で堅い」との印象をお持ちの方もおられるのではないでしょうか？

ひとくくりに「公務員」と言っても、そこは個性のある個人の集団でして、一般の企業となんら変わるものではありません。

性格的に「真面目で堅い」人は、公務員に限らず、どの組織にも大なり小なりおられます。

ただ、職務を執行するに際しては、「全体の奉仕者として誠実かつ公正」でなければなりません。それが「真面目で堅い」印象を与えているのかもしれません。

それは、日頃、法律や条例、規則や要綱に基づいて業務を進めなければならないから、とご理解いただければ幸いです。

他方で、あまりこれらに縛られず、他自治体との競争の中で、企業誘致や観光誘客、県産品振興にしのぎを削っているセクションもありますし、くまモンに至っては、法律も条例も先例すらなく、ひたすら試行錯誤の日々の中で「真面目で堅い」公務員集団が知恵を絞りながら、恐る恐る一歩ずつ歩みを進めているのです。

日頃「真面目で堅い」仕事に従事せざるを得ないからこそ、「くまモン」という触媒がその呪縛を解いてくれるのかもしれません。それは、職場ではなく、職員に作用しているのです。

チームくまモンの流儀 7 独占しない

この章で紹介した以外にも、くまモンは土木部や選挙管理委員会、教育委員会等々でも活躍しています。そこには、くまモンを「**独占しない**」という考えがあるからです。「くまモンの共有空間の広がり」に通じるものがあります。くまモンは誰もが自由に使えるのです。

熊本県庁を訪れると、多くの職員が、くまモンのイラストがついたウィンドブレーカーを着ていることに驚かれるでしょう。それも同じものではなく、それぞれ所属ごとにデザインが異なっていたりもします。多くの職員にも愛されている証です。

たとえば、私たちは「営業部長」の肩書を、「県産品を売る」というよりも「熊本県を売る（知名度を上げる）」という意味合いで使っています。

もし、「農業県熊本の営業部長」としてくまモンを独占していたら、農林水産物はＰＲできても、観光誘客には不適であり、別のキャラを作る他なかったかもしれません。

独占しないで、各セクションが施策を進める中で自由にくまモンを使うことができるからこそ、多くの職員にも愛されているわけです。

これは県庁内だけにとどまりません。私企業のキャラクターという色がつかなければ、県内の様々な団体がくまモンを使うことができます。

「キャラクターバイブル」というのだそうですが、身長や体重、誕生に至る由来、趣味特技、好きな食べ物等々、アニメや小説の登場人物（キャラクター）の個性を決めておくと、後はキャラクターが独り歩きすることができます。つまり「キャラを立てる」わけですが、くまモンは、**「熊本生まれのやんちゃな男の子」**以外は、**ほとんど決めごとがありません。**

たとえば、くまモンが「阿蘇山ろくで生まれた」とすれば、同じ熊本県内でも阿蘇地域以外の方は距離を置くでしょう。「サッカーが大好き」となれば、野球少年は悲しむでしょう。くまモンを自分色に染めることができるように、あえて「色をつけない」ようにしています。

白衣を着せた「ドクターくまモン」、刺し子の法被を着せた「消防団くまモン」等々、それぞれの制服を着せることができるのも、シンプルなデザインであるがゆえです。

もちろん、熊本県のキャラクターとして、「熊本の美味しいものをたくさん食べて太った」といった熊本愛に溢れたキャラクターであることは間違いありません。

二〇一七年四月に、くまモンは知事公室くまモングループに所属することになりました。知事公室は全庁的な視点で県政を運営するところですから、まさに収まるべきところに収まったと言えるでしょう。

第八章

外交官くまモン

アメリカ大使公邸のエントランスに飾られたクリスマスツリーの前で、
ケネディ大使(当時)、豆夢(とむ)くん、蒲島知事と(写真提供・アメリカ大使館)

外交官くまモンとは

熊本県では、これまでくまモンを活用して、アジア地域では主に農林水産物を中心とした熊本県産品の販路拡大を、欧米では老舗ブランドとのコラボを通したくまモンのブランドイメージの向上、ひいては熊本県の認知度向上を目指してきました。

しかし、くまモンの認知度が高まるにつれ、海外の日本人会などから親善目的として、くまモンに来てほしいとのオファーをいただくようになりました。

たとえば、二〇一四年九月には、イギリスにある日本人会が開催するジャパン祭りに、アメリカでは、二〇一五年三月に、ハワイのホノルルフェスティバル、十月に、熊本市と姉妹提携をしているサンアントニオ市のサンアントニオ協会主催の秋祭りに、二〇一六年には、ジョージア州アトランタのジャパンフェスト２０１６にそれぞれ参加しています。

シンガポールには、二〇一五年二月に建国五十周年の式典の一環で開催されたCHINGAYパレードに続き、二〇一六年十月には、日本・シンガポール国交樹立五十周年記念イベント「SJ50祭り」にも出席させていただきました。

とまあ、営業だったりご招待だったりで、訪問した国や地域を列挙してみれば、韓国、中国、台湾、シンガポール、香港、フランス、ドイツ、イギリス、タイ、アメリカ、インドネシア、スペイン、イタリア、マカオ、マレーシア、モナコ、オーストラリアと、一七カ国・地域にもなります（初訪問順）。

熊本県は、二〇一九年ラグビーワールドカップ日本大会の会場に選ばれているだけでなく、女子ハンドボール世界選手権大会の単独会場にもなっています。東京オリンピック・パラリンピックのキャンプ地としても積極的にアピールしています。

図らずも熊本地震により、熊本の地名が世界に発信されてしまいましたが、今後数年間は、これらの国際スポーツ大会の開催を契機として、世界の目が熊本に注がれるようになります。

このチャンスを生かし、熊本を「KUMAMOTO」として世界に認知してもらうために、くまモンにも積極的に関わってもらいたい、そんな気持ちを込めて知事が「外交官くまモン」と表現しました。なるほど、「親善」だけでなく「実利」も伴う「外交」を期待しての命名なんですね。

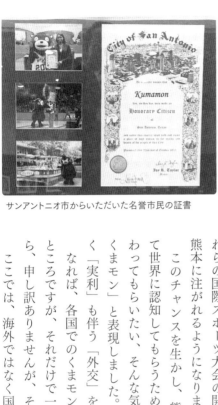

なれば、各国でのくまモンの活躍をこれから記載したいところですが、それだけで一冊の本になっちゃう量ですから、申し訳ありませんが、それは別の機会に。

サンアントニオ市からいただいた名誉市民の証書

ここでは、海外ではなく国内での「外交官くまモン」の活動秘話をご紹介します。

フランス大使公邸に招かれる

くまモンは、二〇一三年からフランスのジャパンエキスポに参加しています。熊本地震後の二〇一六年七月、逡巡したものの、四年連続の参加を果たしました。過去三年間の実績もあり、くまモンの認知度は確実に高まっています。それだけでなく、くまモンの故郷熊本で大地震が起きたことはフランスのメディアでも周知されており、この年は、多くの日本ファンの方々からお見舞いの言葉をいただきました。

そのフランス。初期の頃は、せっかくパリまで来ているのに、ジャパンエキスポの会場だけでは、もったいない。そう考え、エッフェル塔はもちろんですが、凱旋モン、モンマルトル、モンパルナス、モンサンミッシェルと徐々にエリアを広げ、「モン」繋がりの観光スポットにくまモンを連れ出し写真撮影をしていましたが、やがて「モン」ネタは尽きてしまいました。そもそも「モン」繋がりと言ってもフランス語では通じませんモン……。

……こんなことばかり書いていると軽佻《けいちょう》浮薄なヤツと思われそうなので、ちょっと高尚な補足をしますと、二〇一六年七月の訪問に際しては、その夏に熊本県立美術館でランス美術館展が開催され、熊本ゆかりの画家（父の転勤に伴い、七歳から十一歳までは熊本に在住しています）レオナール・フジタの作品も来熊することから、これに先立ち、フランス北東部のシャンパーニュ地方にある古都ランスに同美術館を訪問したりもしています。

もちろん、フランスでの旅程のすべての知恵を自分たちで賄《まかな》っていたわけではありません。初期の頃から、東京赤坂にあるフランス観光開発機構（アトゥー・フランス Atout France）を訪れ、折に触れ相談をしていましたが、いかんせん、私たちが求めるパリ及びパリ近郊は私たち同様、日本人観光客が多数訪れるところであり、機構にすれば、もっとフランス全土を見据えて日本人に訴求したいと考えていたようでした。

たとえば、熊本との繋がりでいえば、熊本市が南仏エクサンプロバンス市と姉妹都市になっていることから、そこにくまモンを派遣して情報発信してほしい、といったように……。

ところが、状況は一変します。二〇一五年十一月十三日夜、パリ中心部のコンサートホールや北部のサッカー場などを標的とした同時多発テロが発生し、観光客が激減します。もちろん日本からの観光客も例外ではなく、二〇一六年上期にパリを訪れた日本人客は前年比で四六・二パーセント減ったと言われています。

観光客の減少は、熊本地震後の熊本・九州も同じです。ここに接点が生まれました。

四度目のジャパンエキスポ参加から帰国した二〇一六年九月上旬、アトゥー・フランスを訪問した私たちに対して、在日代表、アジア・太平洋・中東地区統括責任者フレデリック・マゼンク氏が、「大使に会わないか?」と流暢な日本語で提案されたのです。

来たる九月二十七日、フランス大使公邸で「フレンチコネクションパーティー」が開催されるので、熊本県営業部長くまモンを特別ゲストとして迎えたい、というのです。

フレンチコネクションとは、もちろん、アカデミー賞を受賞したアメリカ映画の話ではありません（すみません、ネタとして古すぎました）。フランス及び近隣フランス語圏の在日観光局、航空会社、鉄道事業者が共同して、旅行会社向けに当地の旅行商品販売強化のためのPR活動を行う団体で、メンバーは、フランス観光開発機構、ベルギー観光局ワロンブリュッセル、エールフランス航空、ハーツレンタカー、レイルヨーロッパの五団体。

旅行会社社員を対象とした旅行地の知識向上を目指したE－ラーニングを実施しており、その合格者を招いたインセンティブ・パーティーが、この「フレンチコネクションパーティー」です。大使に謁見できるだけでなく、大使公邸を案内するとの申し出です。断る理由はありません。

「ついでに……その二日前に、東京ビッグサイトで開催されるツーリズムエキスポのフランスブースにもぜひ来てほしい。どうだろう？」

こちらも断る理由はありません。同時多発テロで傷んだパリ。他人事ではないのです。

九月二十七日十八時半、南麻布のフランス大使公邸に到着したくまモンをティエリー・ダナ駐日フランス大使（当時）が出迎えます。ネクタイは上品なブルーに熊がデザインされています。これは、主賓として招かれていると考えても良いのでしょうか？

まずはしっかりとハグ。その後大使に公邸の広大な敷地を案内していただきます。大使に促されるままに、手入れの行き届いた芝生を転げ落ちたり、日本庭園に踏み入ったりとやんちゃぶりを発揮して、多くのメディアに取り上げられましたが、案外大使ご本人はそれを狙っていたのかもしれません。

フランス大使公邸にある日本庭園でティエリー・ダナ大使（当時）と

二日前に開催されたツーリズムエキスポのフランスブースにくまモンが訪問した際、黒山の人だかりができたことが、ちゃんと大使の耳にも届いていたのでしょう。

レセプションの冒頭、大使の挨拶では、頻繁に熊本のことを話題にされます。一国の大使にこれほどまで熊本に寄り添っていただくことができたのも、くまモンのおかげかもしれません。

くまモンもまた、これまでのフランスとの繋がりについて、出席した皆さんに報告し、熊本地震に対する支援のお礼を述べると共に、「ハッピーくまモン　フランス語バージョン」のダンスを披露します。

モンマルトル共和国名誉市民の証書とバイヨ・ボルドー騎士団の証書他

同年十一月二十六日、くまモンはこの年二回目のフランス訪問です。

今回は、アトゥー・フランスの全面協力を得、熊本地震に対するご支援に感謝の気持ちを伝えると共に、復興に向け頑張っている元気な熊本をPRするのが目的です。もちろん、安全なフランス・パリを日本の皆さんに伝えることも意識しています。アトゥー・フランスの求めに応じ、再びモンマルトルを訪問します。「モン」繋がりと言ってもフランス語では通じませんモン、と思っていたモンマルトル。

ここでビッグなサプライズが待っていました。

パリ・モンマルトル地区の名士・文化人等で構成される「モンマルトル共和国」から「名誉市民」の称号を授与されたのです。併せて、「モンマルトル共和国観光局名誉メダル」を恵与されました。さらに「バイヨ・ボルドー騎士団名誉騎士」にも任命されたのです。

この共和国は、一九二一年に誕生した文化交流組織で、ユトリロ、ピカソ、レオナール・フジタなども設立に協力している由緒ある団体です。

いずれも、これまでのフランス・ジャパンエキスポ連続出場やバカラ社等フランス企業とのコラボレーションといったフランスとの文化的交流の実績が評価されたことが理由です。

これまで日本人で名誉市民に任命されたのは、元文化庁長官、国立新美術館館長の青木保氏、ＪＴＢワールドバケーションズ代表取締役社長の生田亨《とおる》氏、兵庫県知事井戸敏三氏ら、ということであり、もちろんキャラクターとしては初めてです。

このような名誉をいただけたのも、駐日フランス大使と謁見できたことと無縁ではありません。そしてそれはまた、アトゥー・フランス在日代表、アジア・太平洋・中東地区統括責任者フレデリック・マゼンク氏のご尽力によるものです。この場をお借りしてお礼申し上げます。これからも、ぜひご一緒に、楽しい企画でフランスと熊本を盛り上げていきましょう！

アメリカ大使に招待される

二〇一六年九月九日、アメリカ大使館では、アメリカ留学経験のある知事がキャロライン・ケネディ大使（当時）から招待され、懇談の場が設けられていました。優秀な日本の学生にアメリカに留学してほしいというプログラムの一環です。この場には、蒲島郁夫熊本県知事をはじめ、伊原木隆太岡山県知事、達増《たっそ》拓也岩手県知事、荒井正吾奈良県知事が同席されました。

このとき、蒲島知事を出迎えられたケネディ大使から出た言葉は、

「今度、大使館に、くまモンを連れてきてください（笑）」

この、唐突かつ単刀直入すぎる言葉に、知事も目が点になったそうです。

もちろん、知事にすれば、すでに両陛下にも謁見しているくまモンですから、後は大国アメリカの駐日大使に謁見させる機会を得たい、と、念頭にあったはず。しかも蒲島知事はハーバード大学ケネディ・スクールの出身です。同スクールの上級諮問委員会の名誉会長を務めたケネディ大使とは親近感が互いにあるはずです。

にもかかわらず、大使自身から、このような発言が出るとは思いもよらなかったようです。

翌日、知事からミッションが下されます。

「ケネディ大使にくまモンを会わせるように」

……とはいえ、ことはそう簡単ではありません。

大使本人の口から間違いなく出た言葉とはいえ、受け取り方は様々です。

私たち熊本県にとっては、大使のご希望なので大使館側も速やかに動いてくれるものと思っていたのですが、これをいわゆる「儀礼的な発言」と捉える向きもあり、日程調整にも苦労してしまいました。

その間、アメリカ大統領選挙があり、現職オバマ大統領（当時）の後任と目されている民主党のクリントン氏がまさかの敗退。共和党のトランプ大統領が就任すれば、ケネディ大使は任を解かれ帰国することになるというタイムリミットがある状況の中、様々なチャンネルを使い、どうにか十二月十三日にケネディ大使とお会いする機会をいただくことになりました。

例年であれば、すでにクリスマス休暇で本国に帰っているはずの大使も、今年は、年明け早々に離日ということもあり、感謝祭に合わせ本国に帰っておられ、クリスマスは日本で過ごすという幸運にも恵まれました。

この日であれば、蒲島知事も東京で別の公務があり、知事とくまモンが揃って大使公邸を訪問することができます。

そうです。大使が「大使館にくまモンを連れてきてください」と言った以上、くまモンだけを伺わせるわけにはいきません。訪問の理由にもなりません。

知事が大使を訪問する。そこにくまモンも同行する。これが常識です。そのはずです……。そこは国こそ違え、お互い公務員ですから……おや？　では、先のフランス大使公邸訪問は？　すみません。忘れてください。

熊本地震ではアメリカをはじめ海外の多くの個人・団体からも支援をいただいており、そのお礼のために大使を訪問する。というのが表向きの理由です。

アメリカ大使館からは、公的色彩の強い、しかもセキュリティーが限りなく厳しい大使館ではなく、プライベート色が強い公邸で会うことにしましょう、となりました。

約束の日、公邸のエントランスには、ひときわ大きなクリスマスツリーが知事とくまモンを歓迎するかのように出迎えてくれます……と書き出すのが予定調和なのでしょうが、くまモンは知事に先立ち公邸に入り、大使館のスタッフとすっかりなじんでしまって、一緒に知事をお出迎えする側に回っています。豆夢（とむ）という黄色いジェリービーンをイメージしたアメリカ大使館のキャラクターも一緒です。

どこにいても、ホント緊張感のカケラも感じさせないヤツです。

スタッフに案内されるまま、エントランスから右に向かい、かつて天皇陛下（昭和天皇）とマッカーサー元帥が会談をしたという歴史ある公邸の応接室に案内され、ケネディ大使を待ちます。豪華なシャンデリアと分厚い絨毯《じゅうたん》、落ち着いた色のソファーとテーブル。テーブルの上にはシルバーのカトラリーと器に盛られた色鮮やかなプチフール……。

やがて大使が現れ、くまモンを見るや満面の笑みを浮かべハグ。くまモンのお辞儀に大使も丁寧に答えられます。そして、くまモンのステップに合わせ、自身もダンスを踊ってみせます。

私の中にあるキャロライン・ケネディは、若くして暗殺された父、ジョン・フィッツジェラルド・ケネディ大統領の棺の傍に白い花束を持って佇む幼い少女です。すでに歴史になっています。その歴史の中の幼い少女が、今くまモンの前で笑顔を浮かべ、ステップを踏んでいる……いやあ、長生きはするもんですねぇ。

さておき、その後は大使と知事の懇談です。ケネディ大使は足を組みリラックスした様子で、知事との会話を楽しんでいます。ケネディ・スクール出身という親近感もあり、英語堪能な知事ですから、通訳を介さずに様々な話に花を咲かせていたようですが、リスニング力のない私にはこれ以上触れようがありません。あしからず。

むしろ気になったのは、公邸の窓越しに見える中庭で何やら不穏な動きをしているくまモンと豆夢でした。

後日、アメリカ大使館のサイトで、「恋ダンス・アメリカ大使館バージョン」がアップされ、事態が飲み込めました。大使のみならず、くまモンも出演させるというサプライズをアメリカ大使館のスタッフは仕掛けてくれたのです。なんとも粋な計らいでした。

中華人民共和国大使を訪問する

さて、二〇一六年十二月十三日の蒲島知事の東京での別の公務、それは中華人民共和国大使館に程永華大使を訪問する、というものでした。

程大使は、熊本地震直後の四月二十三日、海外の駐日外国公館の代表としては、熊本地震後初めて熊本県にいらして、温かいお見舞いの言葉と義援金を届けてくださった方です。日頃から交流のある福岡総領事館では大型バスを借り上げ、県内の中国人留学生や観光客を避難させ、さらに、在日中国企業などからの義援金募集にご尽力いただいています。

そのお礼に、この日伺うことになっていました。

訪問が決まった順番でいえば、中国が先、アメリカが後。日程も中国が午前、アメリカが午後。

一つだけ違うのは、中国には知事が、アメリカには知事とくまモンが伺う、ということ。

　事件です。

「確かにケネディ大使からは、くまモンを連れてきてほしいとのオファーがあった上での今回の訪問だが、同じ日に中国大使にも知事は会うことになっているのに、……大丈夫か？」

「大丈夫？　とは？」

「？？？　中国大使からは、くまモンに会いたい、との話は出てないのでしょう？」

「地震の際の支援へのお礼が目的ですから」

「中国にしろ、アメリカにしろ、経緯はそれぞれだろうが、オフィシャルな目的は同じじゃないか」

「同じ日に、中国大使とアメリカ大使を知事が訪問するというのに、アメリカ大使にだけくまモンを同行させるというのは、外交問題に発展しかねんぞ。何より中国は面子《メンツ》を重んじる国だ。中国国内でのくまモンの人気は知っているだろう」

「いやいや……」

「いやいや……」

　と、言いつつも、そこは危機管理に長けた公務員、関係各所に連絡を入れ、調整を図り、結果として、中国大使訪問に際しても、知事がくまモンを同行させることで決着しました。

「程大使が、どの程度くまモンについて知っておられるかはわからないが、会っていただければ、くまモンの良さを理解していただけるだろう」

「今や、国内以上にファンが多いと言っても過言ではないのが中国ですよ。きっと大使もご存じでしょう……」

「くまモンの偽物も横行していますし、許諾も得ずにくまモンでロイヤリティビジネスをやっている不届き者もいるようですから、大使にくまモンを認知していただくことはメリットも大きいですよ」

「しかし、一地方自治体のキャラクターが、一日のうちに、中国とアメリカ両大国の大使を訪問するとは、何というか、感慨深いなぁ」

「それは、『キャラクター』を『知事』に置き換えて話すべきことかと……」

「いっそ、両大国に対して、○×※△☆Дш◎・・・、とメッセージを伝えては……」

との声もありましたが（ここ、自主規制しております。あしからず）、

「くまモンは、政治不介入です！」

との声に、

「ハナから冗談でしょ、冗談……」

「最近はなんでもSNSで拡散して、すぐに炎上するんですから、慎んでください！」

「……でも俺はね、熊本から世界平和を目指したいんよ。くまモンがいれば、それが実現できる。

中国大使館で程大使と

最近、そんな気がするんよ」

遠い目をしながらニコリと微笑むその姿は、どうやら本気でそう思っているようです。

もちろん、くまモンは、中国大使館でも大歓迎を受け、和やかな雰囲気の中で程大使と蒲島知事の対談が行われました。

一日のうちに中国大使とアメリカ大使にくまモンが会う。サプライズな出来事だったにもかかわらず残念だったのは、いずれもメディアには非公開で行われたことでしょう。後日、両国それぞれの大使と蒲島知事、それにくまモンが収まった写真付きのプレスリリースを各メディアに送ったのですが、時機を逸してしまいました（注・『サンデー毎日』の月刊〈モンスリー〉くまモンにはしっかりと掲載されております）。

再びアメリカ大使に招待される

年が明け、再び知事からミッションが下されます。秘書経由です。

「キャロライン・ケネディ駐日アメリカ大使から知事にフェアウェルレセプションの招待状が届いた。日時は一月十七日十八時三十分から。ついては、ご自身は熊本で公務があるため出席が難しいので、くまモンに名代で行ってもらいたい」とのこと。

政権交代に伴い、ケネディ大使は、その任を解かれ、本国アメリカに帰ることになりました。そのお別れ会に知事が招かれたのです。招かれたのは知事です。知事！

「知事！　この手の招待は、本来代理出席は不可では？　しかも、くまモンが名代ですか？　せめて、東京事務所長が知事名代として大使を訪問する、そこにくまモンも随行する。これが常識です。そのはずです」……おや？　では、先のフランス大使公邸訪問は？　すみません。再び忘れてください。

そう、この常識が通じないのが蒲島知事なのです。日頃から、「私が忙しいときは、くまモンに代わって行ってもらおう。皆さんもそうすれば喜んでくださるから」と話しておられるのを耳にしていますので、先の「　」内の発言は知事に届くことはありません。

さて、アメリカ大使館にどう伝えたものか……は、杞憂に終わります。大使にもこの常識が通じなかったのか、あっさりと、くまモンの出席を受け入れてくださいました。事務レベルでの判断でないことは自明の理です。そこは、国こそ違え、お互い公務員ですから……。

果たして常識とはなんぞや？

地方自治体のキャラクターが、独立した存在として、大使公邸への訪問を許される……なんとも不思議な世界に迷い込んでしまったような気がします。

確かに、現在、熊本地震の支援に感謝の意を表すため、「くまもとから感謝をプロジェクト!」としてくまモンが県民を代表して、各県を訪問させていただいている中、訪問先の多くの県では、知事ご自身がくまモンの表敬を受けてくださっています。

その現実を直視すれば、大使訪問も許されるのか、な? 同レベルで論じて良いのか?

「難しく考える必要はないですよ、『くまモンだから』ですべて説明がつくじゃないですか?」

もう一人の私が、そう語りかけます。

「そ、それでいいのかぁ?」

「何を今さら、では、フランス大使公邸をなんと説明なさる? すでに禁を犯しているではないか?」


自問自答はこのへんにして。さて、そのフェアウェルレセプション。会場となっている広い大使公邸には駐日外国公館の代表者と思しき方々、外務大臣をはじめとする政財界の方々、その他著名人が招かれ、立錐《りっすい》の余地もありません。生バンドによる心地よい音楽と、様々な言語で交わされるゲストの会話……。ジェームズ・ボンドの映画で良く見るセレブリティーのパーティーの真っ只中に、ひときわ幅を取るくまモンが、何食わぬ顔で動き回っております。目の前の現実がまるでフィクションに思えて仕方ありません。映画の方がよっぽどリアルです。

オープニングセレモニーが始まります。挨拶の中で大使が「くまモン」に言及します。いえ、間違いではありません。ほんの数人に過ぎない主な来賓者を紹介される中、三番目に、主賓の岸田外務大臣（当時）の次の次に、確かに「Government of Kumamoto」と聞こえました。直後、笑いと共に会場のすべての視線がくまモンに注がれたのですから。

この時点で、くまモンは、アメリカ大使公認の、いや、むしろ大使の肩書のあるなしにかかわらず、キャロライン・ブーヴィエ・ケネディ氏がお気に入りのキャラクターとして広く国内外に認知されたのです。

フェアウェルレセプションでケネディ大使にご挨拶（写真提供・アメリカ大使館）

岸田外務大臣の発声で乾杯をした後は、皆が大使と一言言葉を交わしたいと列を作ります。その中にあって、早めに退席しなければならないからと、スタッフに無理を言い、割り込んで挨拶をさせていただきます。

「先日のダンス（恋ダンス・アメリカ大使館バージョン）、よもやユーチューブにアップされるとは思わなかったモン」

「びっくりしたでしょう。でも、楽しかったわよね、一緒に踊ってくれてありがとう」

とでも語っているかのように、ダンスを交えコミュニケーションを取っている二人。

「ぜひ、アメリカにも来てちょうだい。歓迎するわよ」

大使がくまモンに語りかけます。

「大使もまた、ぜひ、熊本にお越しください」

そう答え、笑顔でうなずく大使に蒲島知事から託されたメッセージをお渡ししてその場を離れます。

退席するための道中、多くの方々にツーショットの写真を求められたくまモン。

「キャロライン・ケネディお気に入りのくまモンとのツーショット写真さ。いいだろう？」

と語りながら、後日写真を自慢するゲストの姿が目に浮かびます。

知事の狙いは、まさにここにありました……多分。


ここでもう一つ、ぜひお話ししておきたいことは、パーティードリンクとして、球磨《くま》焼酎が用意されていたことです。くまモンが真っ赤なハートを持ったラベルが印象的な市販されているボトルです（銀座熊本館でも扱っております！）。しかも、スパークリング、ワイン、バーボンといった定番のドリンク以外に用意されていたのは、このボトルだけです。

出席者の間でも評判が良く、そのボトルを持ってわざわざ私に知らせてくださった方もいたくらいです（海外の方です）。

これだけ多くの国内外の方々が集まるパーティーにあって、わざわざ球磨焼酎を用意されたケネディ大使の熊本に対する配慮に、感動すら覚えました。それはサプライズと置き換えても良いでしょう。

日本人が盛んに「おもてなし」を口にしますが、それは日本人の専売特許ではありません。招待客を最大限もてなそうという気持ちは、日本人も外国の方も変わりはないのです。

しかしこれは、くまモンが出席するからこその演出だったのか、それとも被災地熊本に寄り添っていただいている心の表れなのか……もし、前者であるとすれば、ケネディ大使はどれだけくまモンが好きなの！　答えは謎です。

後日、知事に報告したところ、

「十二月に、キャロラインさんに会ったでしょ。そのとき、退任の挨拶に両陛下に会われる際にはぜひ、くまモンのピンバッジをつけて行きなさいと助言してね、皇后陛下はくまモンがお好きなので必ず気づかれるから、気づけば必ず喜んでいただける……だから、キャロラインさんは、きっとピンバッジをして行ったと思うし、皇后陛下もそれに気づかれたと思うし、それでキャロラインさんも嬉しくて、くまモンをパーティーの場で紹介されたんだと思う……」

「知事！　思う、思うって、それ全部推測じゃないですか！」と、もちろん口になど出せず、心の中でツッコミながらも、そう考えると、先の謎は解けそうな気がします。

再びフランス大使公邸に招かれる

さて、アメリカ大使公邸で、ケネディ大使のフェアウェルレセプションが開催された一月十七日、フランス大使公邸では、新年賀詞交換会が開催されました。

フランスの新年といえば、ガレット・デ・ロワです。

ここフランス大使公邸でも大きなガレット・デ・ロワが用意され、幸運なゲストの一人がフェーブに当たり、幸せな一年を過ごすことになったことでしょう。と、もちろん推測ですが。

が、その場に居合わせることもなく、となれば当然フェーブとも縁がなかったにもかかわらず、幸運な一年を過ごすことになったのが、あろうことか、くまモンでした。

それはフランス大使から届いた一通のメールでした。

「二〇一七年度フランス観光親善大使に任命したいが、お受けくださるか」、と文面にあります。

もちろん原文はフランス語ゆえ、恭しい日本語にすれば、このようなイメージかと。

添付された資料によれば、その選考基準は「各界でご活躍の著名人でフランスに公私を問わず縁がある方。該当年度になんらかのフランス絡みのプロジェクト（仕事で渡仏など）があればベター。フランス好きで発信力があり『私のフランス』を多くの機会に熱く語っていただける方。好感度が高く、影響力が強い方」。

任期は一年。過去には、女優・大地真央、劇画家・声楽家・池田理代子、パティシエ・鎧塚俊彦、俳優・映画監督・竹中直人、歌舞伎俳優・市川團十郎、市川海老蔵親子などが名を連ねています。そして、放送作家・脚本家・小山薫堂の名も。

もちろん、拒む理由はありません。しかし……。

果たして常識とはなんぞや？

リカちゃんと共に大使から認証状を授与されたくまモン

地方自治体のキャラクターが、独立した存在として、フランス観光親善大使に任命される……なんとも不思議な世界に迷い込んでしまったような……リフレインが叫んでいます。

フランス大使公邸の庭を転げ回り、ピアノを奏で、アメリカ大使公邸を我が物顔で歩き回り、生バンドに合わせてスイングし、曲の最後にはバンドのメンバーから写真を求められるようなヤツですから。

もう、こんな愉快なことはない、と笑うしかありません。

そうです、難しく考える必要はないです。「くまモンだから」ですべて説明がつくのですから。

くまモン、君といると、案外世界は単純で、幸せもまた、ごく身近にあるような気がして仕方ない。複雑にしているのは、常識に囚われ、目の前のささやかな幸せに気づこうとしない自分自身なのだろうか。

いかん、自己陶酔してしまいました。

かくして二〇一七年三月十五日、くまモンは再びフランス大使公邸に招かれ、ティエリー・ダナ駐日フランス大使（当時）から、二〇一七年度フランス観光親善大使に任命されました。

ティエリー・ダナ駐日フランス大使が離日した後、二〇一七年七月九日、新たにローラン・ピック駐日フランス大使が着任されました。

後日、フランス大使館の大使執務室でローラン・ピック大使、蒲島知事と

ローラン・ピック大使もまた、くまモンを大変気に入ってくださっています。執務室にはくまモンのカレンダーが貼ってあるほどです。

「二カ月ほど前、天皇皇后両陛下にお会いする機会があり、そこで、くまモンが話題となり、彼は私の友人だと話し、フランスで撮ったくまモンのカレンダーをお渡ししたら、両陛下は大変喜んでくださった」

と、同年十二月十三日、銀座松屋で開催された大くまモン展の開会式の場で、嬉しそうに話してくださいました。

さて、二〇一六年九月にくまモンが初めてフランス大使公邸を訪問して一年四カ月後の二〇一八年一月、ようやく蒲島知事が駐日フランス大使とお会いする機会を作ることができました。

そもそも知事より先にくまモンが……もう言いますまい。

二〇一八年は、日仏友好百六十年の節目の年です。さらに、翌年日本で開催されるラグビーワールドカップのフランス対トンガの試合は、熊本で行われることが決まりました。その直後に熊本で開催される女子ハンドボール世界選手権には、直前大会で優勝したフランスの参加が決まっています。

これらの催事をとおして、今後もますますフランスと熊本の関係が深まることを祈念します。

オーストラリア大使夫妻にご挨拶する

二〇一七年十一月一日夜、くまモンの姿が、オーストラリア大使館にありました。

オーストラリアが世界に誇るラグビーのナショナルチーム、ワラビーズが来日し、その歓迎レセプションが開催されたからです。

ワラビーはオーストラリアに生息するカンガルー科の小型動物です。そのすばしっこさがチーム命名の由来と伺っています。

選手は皆さん立派な体格の持ち主ばかりですが、世界の強豪国にはもっと大柄なチームがあり、それゆえ力に頼るだけでなく、様々な手を使って勝ちに行く。その姿が地元ファンから愛される所以とか。とはいえ歴史あるワールドカップで二度も優勝し、世界ランキング三位（二〇一七年十一月現在）の強豪チームです……大柄だがすばしっこい。誰かに似ていなくもないです。

二〇一五年のラグビーワールドカップでは日本代表が強豪国南アフリカを破るなどの活躍をし、五郎丸ポーズが有名になり、国内でもブームを巻き起こしましたが、そのときの日本代表のエディー・ジョーンズヘッドコーチがオーストラリア出身でもあります。

次回、二〇一九年に日本で開催されるワールドカップのテストマッチのために、ワラビーズが来日。来たる十一月四日の試合を前に開催されたのが今回のレセプションです。

そのレセプションになぜ、くまモンが？

すでに中国、アメリカ、フランスの各国大使館を訪問しているくまモンですから、しかも、今回もまた知事抜きでの訪問、と言ったところで、もう驚きはしませんでしょうが、一応経緯を。

ことの発端は、メルボルン日本商工会議所・日本人会が主催する夏祭り（開催は二〇一八年二月。そうです、南半球ですから夏は日本の冬に当たります）にくまモンが特別ゲストとして招待されたことにあります。松永一義在メルボルン総領事の発案によるもので、熊本支援が目的の一つです。赴任前に総領事が熊本に来ておられたことが発案に繋がったと伺っています。

オファーをいただいたのが二〇一七年一月。訪問まで一年あります。放っておく手はありません。

先にお示ししたとおり、オーストラリアはラグビーの強豪国。そして、二〇一九年ラグビーワールドカップの試合は熊本でも開催されます。アピールするには良い機会です。

オーストラリアを訪問する前に、オーストラリア大使館に大使を表敬し、ご挨拶をさせていただく。その際、熊本でも試合が開催されることをしっかりとアピールさせていただく、というストーリーを考えました。組み合わせ次第ではオーストラリア代表が熊本で試合をする可能性もあります（残念ながら、後日、抽選の結果、それはなくなりました）。

「KUMAMOTO」のロゴが入ったラグビーボールのお土産と共に大使夫妻、オーストラリアラグビー基金ピーター・マーフィー事務局長と

オーストラリア訪問は、在メルボルン総領事館からのオファーですから、親元である外務省の担当官を経由して、駐日オーストラリア大使館にアプローチします。

大使館からは、であればワラビーズ来日に合わせ、くまモンにも来ていただくのがベストではないか、となり、先のレセプションへの招待と相成ったわけです。

さて、レセプションの話に戻りましょう。

リチャード・コート大使からは、レセプション冒頭のご挨拶で、「くまモンの来年二月のメルボルン、シドニー訪問について、日豪交流の促進に貢献してもらえることに期待している」との激励の言葉をいただきました。

また、くまモンの深々としたお辞儀や振る舞いに、いたく感激された夫人からは「How polite he is!」との声が。つまり「まあ！　なぁんてお行儀の良い子なの！」ということでしょうか。

お二人の心をしっかりと摑んだことは間違いありません。

くまモンもまた、「ぜひ、熊本にお越しください」と伝えることを忘れていません。

その後、オーストラリア代表チームのメンバーをはじめ、ラグビー連盟関係者、その他出席されたゲストの方々や大使館スタッフからも歓待を受け、写真撮影に応じるなど、相変わらず緊張感のかけらもなく振る舞うくまモン。と、今回の訪問もまた大成功でした。

くまモンは、二〇一八年二月二十五日に開催されたメルボルンの夏祭りで活躍し、その後オーストラリア各地を訪問し帰路に就くことになりました。

そして、同年五月九日、くまモンの求めに応じられたのか、リチャード・コート大使夫妻は熊本に蒲島知事を訪問されました。もちろん、くまモンも同席し歓迎します。

二〇一九年のラグビーワールドカップでオーストラリアチームの試合は、大分県で行われることになりましたが、ご夫妻にはぜひ、再び熊本にもおいでいただきたいと願っています。

初の大使謁見は？　駐日大韓民国大使を熊本に迎える

ここまで書き進める中で、いち早く、くまモンに会っていただいていた大使がおられることを思い出しました。柳興洙《ユフンス》駐日大韓民国大使（当時）です。

熊本県は、一九七九年、本県初となる定期国際航路をソウルとの間で開設し、韓国との交流が盛んになります。そのような中、姉妹提携先として、地形、文化、産業などの類似点が多い忠清《チュンチョン》南道《ナムド》が候補に上がり、一九八三年に姉妹提携を行っています。そのときの忠清南道の知事が、柳氏でした。

その後、熊本県と忠清南道との間では、友好訪問団の受け入れや派遣が三〇回を超え、また県職員の研修・交流派遣、高校や大学間の交流など、着実に歩みを進めてきました。

蒲島知事もまた、二〇〇八年七月に姉妹提携二十五周年記念式典や日韓環境シンポジウム出席のため訪韓したのをはじめ、二〇一三年には、姉妹提携三十周年を記念した訪問団の団長として忠清南道を訪問、これに応え、忠清南道からも安知事（当時）を団長とする訪問団が熊本を訪れています。蒲島知事にくまモンが同行したのは、言うまでもありません。

柳氏はその後国会議員に転身し、二〇〇九年に韓日親善協会理事長となり、二〇一四年には駐日本国大韓民国大使館特命全権大使として、来日されました。

熊本県庁で、左から柳大使(当時)ご夫妻、蒲島知事、沢田元知事と

柳大使は、もちろん熊本のことを忘れずにいてくださり、大使在任中の二〇一五年七月、夫人を伴い、熊本県を訪問してくださいました。蒲島知事がくまモンと共に、大使を出迎え、知事応接室では姉妹提携当時の熊本県知事であった沢田一精氏も交え、三十年を超える熊本と忠清南道との交流について懇談をされています。その後は、くまモンを活用した熊本県のプロモーションについて、一時間じっくりと説明を申し上げ、くまモンについての理解を深めていただきました。

日帰りという慌ただしい旅程でしたが、日韓の交流に寄与できたのであれば幸いです。

この後、三カ月を経ずして、韓国の慶南道民日報の記者がくまモンの取材のため来熊され、後日「よく育てたキャラクター　日本を超えて全世界で人気」と一面全面を使って記事にしていただきましたが、これもまた柳大使の熊本訪問やくまモンとの出会いが無縁ではないと考えております。

なお、柳大使は、二〇一六年六月に離任しておられます。本国での今後のご活躍をお祈りいたします。

チームくまモンの流儀 8

くまモンだから

権謀渦巻く外交の世界にくまモンがなじむのか？　などと書き出してみましたが、単なる言葉遊びです。お気になさいませぬよう。その対極にある「親善」の分野でくまモンの活躍は異彩を放っています。

ノンバーバルであるがゆえに、体全体を使ったジェスチャーで自己表現をするくまモンですが、その姿に、各国の大使や大使夫人までも魅了してしまう現場に立ち会ってしまうと、本当にこれまでの私の常識が崩れ去ってしまいます。

私の常識は、少なくともディズニー文化の発祥の地アメリカはさておき、欧州ではキャラクターは子どものものであって、大人には大人の文化がある。一人前の大人がアニメやキャラクターに関心を寄せるのは日本人くらいのものだ、といったものでした。少しばかり自嘲気味にそう思っていました。

しかし、現実は違いました。自らの経験が私の常識を覆しました。

ステレオタイプな考えか、固定観念か、はたまた先入観かはさておき、これらに囚われていては新しいことは何もできません。

ここでお伝えしたいのは、そういうことです。もっと気の利いた格言でまとめてみたいのですが、うまい言葉が見つかりません。

ですから、前例のないところに道を切り開くことができたとき、図らずも切り開けたとき、そしてその理由がうまく説明できないときには、これから「**くまモンだから**」と表現することにしましょう。

「昨夜《ゆうべ》の試合では阪神が負けたから、今朝の課長は、決して印鑑は押してくれないよ」

「それが、なぜか機嫌よく印を押してくれたんだよね。どうしてだと思う?」

「くまモンみたいなもんだよ。きっと」

「そだね〜」

これで、広辞苑掲載を目指したいと思います。

掲載されたときの理由は「くまモンだから」。

もちろん、行動心理学等では立派に説明ができるのでしょうが、しがない地方公務員はそこまで深く立ち入りません。

第九章

チャレンジし続けるくまモン

欧州初となったくまモンのポップアップストアの前で

第八章までのカテゴリーではまとめることができなかったいくつかのエピソードを最後に収録させていただきます。

くまモン、氷水をかぶる！——アイスバケツチャレンジ

アイスバケツチャレンジは、筋萎縮性側索硬化症（ＡＬＳ）の研究を支援するため、二〇一四年にアメリカで始まり、フェイスブックやユーチューブなどを通して世界中に拡散し、各界の著名人が参加することで社会現象化し、日本でも多くの著名人が参加しました。

参加した人は、バケツに入れた氷水をかぶるか同協会に寄付するかを選択し（両方を選択しても可）、次にチャレンジしてほしい人を二、三人指名するというもので、この動画を撮影してフェイスブックやユーチューブ等にアップしておしまい、というものです。

アメリカでは、ケネディ一族やオバマ大統領まで参加したようで、わずか三週間で一三三〇万ドルの寄付を集めたとあります。前年同時期の寄付金額が三万二〇〇〇ドルだった（ここまでかなりの部分をウィキペディアから引用しています）ことを考えると、このキャンペーンは大成功だったと言ってよく、アイデアの勝利というか、うまいことを考えたなぁ、というのが正直な気持ちです。

慈善活動の資金集めに氷水をかぶるというのは、これ以前にもあったらしいですが、ＳＮＳを

上手に使って瞬く間に世界中に拡散させるとは大したものです。

　参加した本人にとっては、ネットにアップしておしまいですが、指名を受けた人は、次の人を指名し、指名を受けた人が趣旨に賛同して参加すれば、どんどん活動は広がります。まるでネズミ講のようじゃないかと心配にもなるのですが、この点や派手なアクションで事故を起こす者が現れるなどにより、反対意見を表明する人もまたちゃんと現れたりもしたのですが、ここではこれ以上詳しくは触れません。


　二〇一四年八月某日、このアイスバケツチャレンジに、我がくまモンが指名されたことで、くまモンもまたこれに参加したのですが、案の定、お叱りのメールをいただいてしまいました。

　世間の流行に安易に乗るとはいかがなものか、また、当時は広島県で大規模水害が発生していたこともあり、その被害者の心情を考えているのか、といった趣旨でした。その上で、くまモンにそのようなことをさせたチームくまモンへのお叱りなのです。

「案の定」と書いたのは、ある程度予想されたことだったからです。当然、課内でも賛否が分かれたのですから。

　くまモンはご存じのとおり公務員ですから、独自の判断で勝手に活動をするわけではありません。いくら部長とはいえ、組織の判断というものに委ねられるわけです。……まあ、必ずしもそうでないところが困ったものですが（勝手に温泉に浸かっちゃったりとか……）。

それはさておき、ある程度予想されたものの、ゴーサインを出したのは、やはり「くまモンだから」なのです。

「迷ったらゴー！」や「皿を割れ！」で、これまでも様々な場面で前向きにチャレンジしてきたのがチームくまモンです。批判を恐れて何もしなければ、それはそれで済ませることができます。くまモンの活動は、法律や条例に定められた業務ではないのですから、誰もサボっているとは言いません。私たちも余計な仕事をせずに済みます。

でも、それではつまらんでしょう……。いやいや、つまるとかつまらないで仕事をしているわけでは決してないのですが。それでは、「らしくない」のですよ。「くまモンらしくない」「チームくまモンらしくない」。

少なくとも、アイスバケツチャレンジには、くまモンと同じ匂いがしたのですよ。「みんながあっと驚くような面白いことをやったら、それだけで人は自然に集まるものです」と小山薫堂さんが言っている、当にそのことをやっている。だから小山さんの指名だからと何も考えずに受けたのではなく、ちゃんと考えた上でのことだったのですよ……あっ、指名人をバラしちゃった！

さて、いただいたご批判へは、次のとおり回答を差し上げました。原文のまま掲載します（宛名は伏せます）。

○○○○様

くまモンのALSアイスバケツチャレンジについて

日頃から熊本県とくまモンを応援いただきありがとうございます。

既にご存じのとおり、くまモンは、九州新幹線全線開業を機に、くまもとサプライズPRキャラクターとして誕生しました。

その後、九州新幹線の終着駅でもあり、多くの自治体がPRにしのぎを削る大都市大阪で熊本県の認知度を高めるために活躍してもらいました。

くまモンの行動の基本は、サプライズです。それは、前例に寄らない、常に新しいことにチャレンジすることでもあります。

大阪での神出鬼没大作戦やくまモン失踪事件等々、活動当時、独創的な話題作りとして、マスコミにも好意的に取り上げてもらいました。

これに伴い、くまモンひいては熊本県が、徐々に人気が出、認知度が上昇していきました。

今でも、くまモンはサプライズを基本とし、多くの皆様にハピネスを届けられるように頑張っています。

さて、世界には様々な事件や災害、難病等で苦しんでいる方々が沢山いらっしゃいます。広島県の集中豪雨も連日報道されているとおりで心が痛みます。ウクライナでは今も砲弾が飛び交っています。エボラ出血熱も同じ地球上での出来事です。

報道は少なくなりましたが、東日本大震災で行方不明になられた方々の捜索は今も続いています。海外の様々な地域で、日本人をはじめ多くの名もなき方々が医療や教育や人権問題等に取り組んでおられます。

マスコミが取り上げることで一時的に多くの方々の関心が集まり、特定の災害や団体に寄付やボランティアが集中しますが、新たなニュースが発生するとマスコミや世間の関心はそちらに移っていきます。

もちろん寄付やボランティアは間違いなく役に立っているでしょうし、継続して支援活動をしておられる方々がたくさんおられることも十分承知しています。

他方でニュースに取り上げられることもなく様々な事件や災害、難病等と闘っている方々も間違いなく存在します。そして、関わっておられるそれぞれの方々は、もっと私たちの活動を知ってほしい、支援してほしいと考えておられることでしょう。

今回のALSをはじめとするさまざまな難病と闘っている皆さんやそれを支援している皆さんも同じ気持ちだと思います。

そのような中、独創的な話題を提供することでマスコミに取り上げてもらい、多くの皆さんに関心を持ってほしいと考え行動されたのが、今回のALSに関するアイスバケツチャレンジだと思います。

「独創的な話題作り」が功を奏し、世界中の著名人の賛同を得、マスコミでも取り上げられることになりました。くまモン同様、上手にマスメディアを活用して話題作りに成功した事例と思われます。

今回、くまモンが指名を受けました。しかし、くまモンは公務員であり、特定の団体や個人の支援はできません。ただ、今回は、ＡＬＳだけでなく多くの難病と闘っておられる方々やそれを支援しておられる皆さんについて関心を持っていただく良いきっかけになるのではないか、であれば必ずしも原則にこだわる必要はないのではと判断し、氷水を被ることとしました。熊本県内にも難病と闘っておられる多くの方々がいらっしゃるのですから。

先日、熊本県内でも報道で取り上げられたことで、県内にも数多くおられるＡＬＳをはじめとする様々な難病と闘っておられる方々に対する理解が多少でも進んだのではないかと考えております。

なお、ご指摘のとおり、チャリティーは強制ではありません、各自の意志に基づいて行うものです。そこで、これまでくまモンと仕事等で知り合った方々複数名に対して、事前に打診を行い、その中から快く承諾をいただいた方を次に指名させていただきました。

くまモンは、東日本大震災発生時には、くまモン募金による募金活動を行いました。その後毎年東日本大震災で被災された方々のところに出かけています。（本県の職員は、震災発生直後から継続して現地に派遣されています）

九州北部豪雨では、阿蘇で復興祭が開催されたときに、真っ先に駆け付けました。

今回の広島での災害についても時機を見てくまモンにできる支援を実施したいと考えています。

このように、今、くまモンにできることを頑張る。その姿を見ていただき、それぞれが身近にできる何がしかのボランティアやチャリティーについて自らが判断し実践していただくきっかけになればと思います。

最近ネット上では、アイスバケツチャレンジ本来の趣旨を逸脱したかのような様々なパフォーマンスが行われているようですが、これは大変残念なことだと思います。

以上、当課の見解を述べさせていただきましたので、ご理解いただきますようお願いします。また、今後もくまモンと熊本県をご支援いただきますようお願いいたします。

二〇一四年八月二十八日

熊本県くまもとブランド推進課長

後日、ご本人から返信をいただくことができました。私たちの今回の活動について、ご理解をいただけただけでなく、「これからも、温かくそして熱く〝くまモン〟を応援してまいりたい」とありました。

気持ちが伝わった安堵感。心が温かいもので満たされたことは言うまでもありません。

パリにポップアップストアを開店した！

二〇一五年一月二十二日、いつものように県庁で小山さんとの打ち合わせです。

この日は、三月に完成予定のショートフィルム「仮：くまもとで、まってる。2（後日、『ふるさとで、ずっと。』に決まりました）」をカンヌ国際映画祭に出品したいとか、三年目となるフランスのジャパンエキスポをどうするかといった話が中心でした。その流れの中でふと、

「パリにいい物件があるんですけど、そこでくまモンショップをやってみる気はないですか？」

と小山さん。

「知り合いがサンジェルマン・デ・プレに店舗を持っていて、ひと月単位で安く貸してくれるって言ってくれてるんですが、ジャパンエキスポに合わせて今年七月なんて、どぉです？」

と、あたかも「東京で物産展を開催するので熊本県も出店しない？」といった軽いノリでの提

案です。思わずこちらも、

「いいですね、やりましょう！」

と、ろくに詳細も聞かないまま答えてしまいました。

周りを見渡すと職員の困惑した顔が……。

七月のパリ。一カ月間のくまモンポップアップストア開店。

七月のパリ。地元民はロングバケーション……！　えっ⁉

もちろん、県が直接出店などできるわけではありません。県内の事業者の方々の協力なくしては、実現できません。しかし、県内で多くの事業者の方々がくまモン関連商品を販売し、売り上げも好調と聞いていましたので、その中の数社くらいは関心を示すに違いないと考えていたのです。

ただ、赤字は必至との思いはありました。ジャパンエキスポで人気上昇中とはいえ、そこは日本文化大好き！　な方々のお祭りです。大人と子どもの文化が明確に分かれているフランスで、キャラクターものが売れるとは考えていませんでした。

しかし、私たちは本気で世界にフロンティアを広げたいと考えています。それゆえ、アンテナショップとして、今後フランスでくまモン商品を展開するのであれば、どのような商品が受け入れられるのかを確認する場でもあるわけです。実現したかった。

たとえば、四社が商品を出し、一週間ずつ交代で店番をし、観光ついでに渡仏する……。

甘い考えでした。国際課を通じてお声掛けした各社からは色よい返事はいただけませんでした。

そのような中、一社だけ「やりたい」と手を挙げてくださったのが八代市に本社を置く有限会社ユニックスの岩橋惠一さんでした。息子にやらせたい、とのこと。思わず、

「赤字は覚悟してください。後で県に騙されたとは言われたくないので」と笑いながらも本音をポロリ。本件もまた、県の補助はありません。

それでも岩橋さんは笑いながら、

「そぎゃんことは言わんです」と答えてくださいました。


二〇一四年六月、県内事業者の方々にくまモン関連商品の海外輸出を解禁しました。これに応え、その後一年間で約五〇社が輸出に乗り出しました。が、そのほとんどが貿易は初めて。ユニックスもその中の一社です。それを取り仕切っていたのが岩橋潤さん、当時二十七歳。これまで香港やタイに市場を広げてきたものの、ヨーロッパは初めて。関税や現地での消費税対応や店員の雇用等々、限られた時間の中でやるべきことは数多くあったようです。まだ二十代の青年が大丈夫だろうかと思う半面、若いからこそできることもあるよなぁ〜とも思っていましたが、これまでの経験を生かして、なんとかオープンにこぎつけたのです。

オープニングには、もちろん、ジャパンエキスポのためパリに滞在していたくまモンも駆けつけました。そしてひと月……。

熊本日日新聞
夕刊
熊日出版
TEL 096-361-327
グッズ製造販売「ユニックス」で
海外ビジネス担当
「第2のくまモン」模索中
岩橋　潤さん(27)

岩橋潤さんを取り上げた『熊本日日新聞』夕刊

予想どおりではありましたが、帰国直後、八月の慰労会の席上、岩橋潤さんから、金額の上では赤字だったとのこと、けれど今回の経験はそれ以上の収穫があったとも聞いて、正直ホッとしました。ストアの運営だけでなく、時間を見つけては、関係先に営業を行っていたとも聞きました。話を聞くにつけ、これだけのことを、短期間にやってのけた彼に畏敬の念さえ感じました。

小山さんなら、さてどうするだろう？　ふと、そう考えました。

くまモンポップアップストア初のパリ出店。取り仕切るのは二十代の青年……。自分の夢を託してつけた名前、一度は生死の境を彷徨い、息子をあきらめかけたことなど、慰労会の席で母親の香代子さんから聞いた話も思い出しました。

思い立ち、県政記者クラブに地元紙の記者を訪ね、岩橋潤さんのことを話してみると、関心を示し、その後彼を取材していただき、九月十二日の夕刊一面で取り上げてもらうことができました。

大きく取り上げられた紙面を見ながら、「サプライズだなぁ、これは。しかも、もし、これだけの紙面で広告を行うとすれば、結構な金額が掛かるだろうなぁ」と頭の中で算盤を弾いて、少しはお返しができたかな？　と思う一方で、小山さんに自慢したくなり、手紙を添えて、掲載紙をお送りしました。そのときの手紙がこれです。

小山薫堂　様

パリのポップアップストアではお世話になりました。

当時「やりましょう！」と言ったものの自ら出店できようはずもなく、正直ユニックスさんが手を挙げてくださって助かりました。

その岩橋潤さんを熊日新聞で取り上げていただくことができました。

「赤字は覚悟してね」とお願いし、数字の上では確かに赤字だったようですが（汗）、彼も得たものは多かったと思います。

されど、せめてもの罪滅ぼし？と、熊日新聞の記者に彼を紹介し、こうして形になりました。

小山さんのように、とまでは言えませんが、こうしたお返しの仕方もまた小山さんから学んだことであります。

夕刊とはいえ、ここまで大きく取り上げてもらってうれしく思い、ご報告した次第です。

二〇一五年九月十六日

さて、新聞掲載後、母親の岩橋香代子さんからとても良いお話をいただきましたので、そのメールをご紹介します。もちろん、ご本人の承諾を得て。

おはようございます。
夕刊　トップびっくりでした。
ありがとうございます。
感謝です。
また　小山様からもメールいただいておりまして、
ヤマダデンキ様に販売できるくまモン関連商品をまとめる企業を探しているとのことで
小山様からのご紹介で　明日　兵庫県から　弊社ユニックスまで来ていただきます。
感謝です。詳細は　明日　午後からの打ち合わせになります。
経過報告は　昨日もメールにてご連絡さしあげました。
課長　小山様　そしてブランド課の皆様　代表くまモンに感謝です。
いただいた　チャンス　生かしたいと思います。
詳細が　わかりましたらまた　ご連絡差し上げます。
多大なるＰＲ効果　ありがとうございました。

ＰＳ　主人が隠れて男泣きでした。（尊敬する人は？？　はにかみながら　一代で会社を築きあげたおやじですかね）

潤がこんなことを思っているとは。。。息子に本音を言えない主人の男泣きでした。

主人の涙を見たのは　息子の事故の時と　夕刊を読んだ時でした。

ありがとうございました。

（有）ユニックス　　岩橋　香代子

「おやじのなみだ」を直接見ることができずに残念だったですが、小山さんもしっかりフォローされてるんだなぁ、さすがだなぁと思った次第です。

最初から確実な儲け話であれば誰だって話に乗りますよね。でも、今回は赤字覚悟のパリ出店。それに手を挙げた人がたった一人いた。小山さんなら決して悪いようにはしないです。心意気には心意気で応える。これが小山さんの素晴らしさだと思います。

小山さんは、チャンスの種はそこらにいつも転がっていると言っています。そして「チャンスの種を拾わないのはもったいない」と。

くまモン体操、心の傷癒す――タイでの人身売買にまつわるお話

国内だけでなく海外でもくまモンの人気が高まっていることについては、すでに皆さんご承知だとは思います。が、こんなところでも！　というエピソードを紹介させてください。

二〇一六年一月、国際課が中心となって、タイの財閥系企業サハグループ傘下の中核企業I・C・C社とタイアップして、タイにおいて初となる熊本プロモーションを、くまモンを前面に出して開催することになりました。

セントラル・フェスティバル・イーストヴァルを会場に、熊本県の観光パンフレットの配布、熊本城や八千代座等観光地のオブジェや工芸品等の展示が行われました。もちろんくまモンのステージもあります。

ご存じのとおり海外でくまモン関連商品を販売するには、県内事業者との連携が不可欠です。今回は海外との取引を拡大したい県内事業者六社が名乗りを上げ、七六商品が展示販売されました。

その中の一社が、販促用にくまモンの手提げバッグを提供しても良いか、と相談に来られました。あのユニックスです。販促として配るには立派な商品です。でもよく見れば前年実施したくまモン誕生祭のときの残りもの？

「置きっぱなしにしていても、もったいないので、有効活用できんどか（できないか）と思って」

……「もったいない」いい響きです。そこで、

「販促用に使うのも良いかもしれないですが、一部をタイのＪＩＣＡ（国際協力機構）に寄付されませんか？」

と提案してみました。

ＪＩＣＡのタイ支部では、タイ国内で発生している人身売買の被害に遭った子どもたちの支援活動をしています。シェルター（避難施設）に保護されているのは平均年齢一七歳の女性。少女と言っても良い年頃です。知人に騙されて売春や強制労働をさせられているのを保護され、自立に向けた職業訓練が行われています。

友人がタイのＪＩＣＡで働いていることが縁で、何かお手伝いができないものか、と考えていたのですが、公務員の立場ではそれも叶いません。そこで、先の提案をしてみました。

「もし、こうした使い道に賛同いただけるのであれば、ご紹介いたしますが……」

と、お話ししたところ、

「そぎゃんこつば（そんなことを）、したかった！」

と、意気投合しました。

タイのプロモーション会場にも行かれるということでしたので、友人にも連絡を取り、バンコ

ク市内で直接会って話をしてもらい、賛同していただけたら手提げバッグを寄付していただくことにしました。

趣旨に賛同いただき、手提げバッグは無事ＪＩＣＡのタイ支部の友人の手に渡り、その後シェルターの少女たちに届けられることになりました。

ここで、偶然力が働きます。

シェルターでボランティアとして働いている日本人の方が、少女たちを少しでも癒せないかと相談した相手が、同じ地域の保健所でボランティアをしている熊本出身の理学療法士。二人は一緒に、シェルターの少女たちにスクリーンでくまモンを紹介した後「くまモン体操」を指導し、みんなで踊ったそうです。それと併せて、先にユニックスから預かった手提げバッグが全員にプレゼントされました。

一部「みんなで踊ったそうです」と伝聞になっているのは、『西日本新聞』の紙面で、事の経緯を知ることになったからです。

ちょうど別の取材で知り合った西日本新聞の記者に今回の話をしていたところ、三月にバンコク支局に赴任する記者が偶然にも熊本出身と教えてもらい、連絡先まで伝えてくれました。

そこでＪＩＣＡの件をメールでお伝えしたところ、着任間もない時期にもかかわらず、ＪＩＣＡに、そしてわざわざ現地まで取材に行き（シェルターはタイ東北部にありますから、飛行機でも一日がかりの取材になったはずです）、紙面で取り上げてくださいました（『西日本新聞』二〇一六年三月七日付夕刊「くまモン体操心の傷癒やす　人身取引被害者に笑顔」）。

偶然にも二人の熊本人がこの件に関わることになるとは思いもせず、くまモンにもらった縁だと感謝しています。

さて、この件では、福岡在住の方からお手紙までいただき、この新聞の切り抜きが同封されていました。全文をご紹介しますね。差出人のお名前が不明につき承諾は得られていませんが、きっとお許しいただけるものと思っています。

前略
当地の西日本新聞夕刊にて、タイで人身売買などで心の傷を負った女性たちの〝リハビリ〟に「くまモン体操」が活用されている記事を読みました。熊本でも西日本新聞が発行されていますが、朝刊だけが発行されていて夕刊はありませんので、「おそらく、この記事を知らない熊本県民が多いだろう」と思い、この記事をくまモンの広報活動などにご活用いただきたく、郵送させていただきました。
私も「ナマくまモン」に会ってから、くまモンにハマってしまいました。「ナマくまモン」には3回会ったことがあり、いずれも福岡市内ですが、西鉄福岡（天神）駅、福岡銀行本店、ヤフオクドームで、くまモンのオンステージを見ました。今はなかなか見に行けませんが、インターネットで、爆笑の絶えないオンステージの様子の動画を見て、私も爆笑しています。このほか、お仕事グッズにも、くまモングッズを活用したり、くまモンの全身が紙パックに描かれた牛乳を飲んで、一日のパワーをチャージしたりしています。

今回同封した記事を読み終わった後、「くまモンは爆笑の世界を超越して、世界の人類のために役立っているんだなぁ……」と実感しました。同時に、「くまモンは日本人としての誇りである」と確信しました。野球評論家の〝大沢親分〟こと、故・大沢啓二さん風に「あっぱれ!!」と、くまモンに賛辞を贈りたいと思います。また、心の傷を負ったタイの女性たちが元気になるよう、願ってやまない次第です。

草々

三月八日

営業部長としての活動が関連商品売上金額として毎年発表され、右肩上がりのその数字が新聞でも取り上げられますが、くまモンが目指しているのは「県民の総幸福量の最大化」です。これは必ずしも熊本県民「だけ」の幸福量の最大化でないことはご理解いただけるものと思います。

今や国内はもとより海外でも多くのファンを持つくまモンです。その一人ひとりが皆幸せであってほしい。他人の不幸の上に拠って立つ幸せなんて、ありはしないのですから。

知事は「弱者に寄り添うくまモンであってほしい」と言われます。それは私たちの思いでもあります。

たとえば、タイの企業が、くまモン関連商品で利益を上げ、その一部をタイのＪＩＣＡに寄付するシステムができればどうだろう？　と考えてみたりします。

ＪＩＣＡにこだわっているわけではありません。くまモンはやんちゃな男の子、つまり子どものキャラクターです。ですから、世界中の子どもが十分な食事と教育が受けられる環境作りに、くまモンが少しでも役に立つことができないものでしょうか？　海外で得られたくまモン関連商品の利益を日本国内に還元するのではなく、その国の子どものために使われるシステム作りができないか？　そこに県が関与するのではなく、「弱者に寄り添うくまモン」の思いを汲み取ったその国の民間の企業や団体が主体となるのであれば、どこでも良いのです。

くまモンの共有空間の広がりが、広がった先の国々の子どもたちの福祉や教育に寄与する。夢がある話だと思いませんか？　しかし、くまモンならば、実現してくれそうな気がするから不思議です。

まずは、くまモンがタイに出かける機会があれば、シェルターの子どもたちに会いに行ってほしいものです。もっとも、あれからすでに二年以上が経過しています。できれば、くまモンの手提げバッグを渡した子どもたちがシェルターを離れているに越したことはありません。

くまモン、『熊本日日新聞』に特別寄稿する

先に、あの村上春樹さんがくまもとブランド推進課をお忍びで訪ねてこられたことに触れました（思い出せば未だに悔しさがこみ上げてくるのですが）。

その熊本旅行紀は、文藝春秋の『CREA』九月号（二〇一五年）で二四ページも割き掲載され、次いで同年秋に出版された村上春樹紀行文集『ラオスにいったい何があるというんですか？』にも唯一の国内紀行として収録されています。

そこでは、「9　最後にくまモン」と小見出しがあり、「熊本を訪れたからには、やはりくまモンについてひとこと触れないわけにはいかないだろう」で始まり、決して「ひとこと」ではない、かなりの行数を割いてくまモンに触れてくださっています。

それだけでなく（それだけでも大変ありがたいことなのですが、その上、ご自身がくまモンスクエアの営業部長室で椅子に座って黒電話の受話器を手にしている写真まで掲載してくださっているのですが）、この文を読み進める中で「熊本県ぜんたいがくまモン化」しているといってもまったく過言ではない。『熊本日日新聞』には、くまモンが主役の4コマ漫画が毎日掲載されている。そのうちにくまモンが社説まで書くようになるかもしれない……というのはもちろん冗談だけど」と、なんとも挑発的とも受け止められる一文が目に留まってしまいました。

「もちろん冗談だけど」と言われると、ならばぜひこれを実現し、村上春樹さんに一泡吹かせてやろう！　と考えるのがチームくまモンの「らしさ」なのですが、いかんせん、『熊本日日新聞』の社説は、県の思惑だけではどうしようもない報道機関の紙面です。

ちょっと脱線しますと、ここで一泡吹かせてやろうと思ったのは、村上春樹さんが「僕はいったん何かが気になり出すと、いちいち気になってしょうがない因果な性格なもので」とお忍びで当課を訪ねてくださったのは良いとしても（いや、やはり「お忍び」は決して是認できないのですが）、くまモン本人に会わずして終わりにしてはいけないでしょう、いくらなんでも。ぜひ機会を見つけて会ってもらわなければ「気になってしょうがない」……との思いがあるからです。

「待ってろぉ！　村上春樹！　クマモトオイスターを携えて、くまモンが会いに行くからなぁ！」と、東に向かい、遠吠えにも似た叫び声一つ。

本論に戻ります。年が明け、しばらくするうちに、今年のエイプリルフールネタをどうしようか？　と考える中、四月一日の熊日新聞の社説ならば、ハードルが低いのではないか？　と勝手に思い込み、恐る恐るではあるものの、熊日新聞に、村上春樹さんの紀行文の話から始め、打診してみたところ、さすがに「社説は新聞社の顔だから」と、当然のごとくお断りされてしまいました。

しかし、「識者寄稿」ではどうか？　と、思わぬ変化球で返されてしまいました。

「え？（熊日さん、本気？）」

「くまモンが識者？」

「いやあ、話してはみるもんだねぇ、まさかこの話に乗ってくれるとは……」

私たちの中で、熊日新聞の株が上がったことは間違いなしです。

ただ、実際にペンを執っておられる本物の「識者」の方々に申し訳なかろうと、最終的には一回限りの「特別寄稿」ということで落ち着き、くまモンに執筆してもらうことになりました。

以下が、その全文です。本人の承諾を得て、転載させていただきます。

くまモン「特別寄稿」
「くまもとサプライズ」みんなが主役だモン！

九州新幹線の全線開業をきっかけに「くまもとサプライズPRキャラクター」として誕生したボクにとって、先月開業5周年を迎えたことはカンガイもひとしおだモン。

熊本駅は今「くまモン駅」だし、水道町の「くまモンスクエア」には海外からも多くのお客様が来てくださって、うれしかモン。

海外と言えば、香港では旅行雑誌3社から「私が好きな観光大使」などの賞をいただいたモン。台湾やタイでもいっぱい応援してもらってるし、韓国や中国でも新聞に載るほどだモン（エヘン）。

アジアだけじゃなかモン。昨年5月にカンヌ国際映画祭で、熊本PRショートフィルム「ふるさとで、ずっと。」を上映したモン。10月は阿蘇の世界農業遺産PRでミラノ万博に登場し、熊本市と姉妹都市のアメリカ・サン・アントニオ市にも招かれ名誉市民になったモン。ボクだけじゃなく、熊本だって人気モンだモン。香港では、玉名のいちごや大津のからいも、最近では八代の晩白柚が大人気だし、クマモトオイスターはニューヨークの方が知られているモン。ヨーロッパやアメリカで賞をもらった熊本の日本酒や球磨焼酎があるって、知ってるかモン？

熊本には海外でも自慢できる宝が、まだまだたくさんあるに違いないモン！

熊本のタクシー運転手さんは日本一だって小山薫堂さんが言ってるモン。八千代座は玉三郎さんや海老蔵さんのお気に入りで、村上春樹さんが訪ねた津奈木町赤崎の水曜日郵便局は、サプライズとハピネスでいっぱいだったモン。荒尾の万田坑や三角の西港もみなさんの努力で世界遺産だし、天草エアラインは日本初の飛行機が就航したモン。石橋から水が流れ落ちる通潤橋の匠の技には「びっくりポン」だモン。

当たり前と思っているものの中にある宝モンに、もう一度気づいて広めていくことが「くまもとサプライズ」だモン。熊本の人がみんなでサプライズをすれば、もっともっと幸せな県になること間違いなし！「ユアハピネス・イズ・マイ・ハピネス」、みんなが主役だモン。

ボクも一緒にがんばるモン。

みんな知ってるかモン？　２０１９年には熊本でラグビーワールドカップや、女子ハンドボール世界選手権が開催されるモン。世界が熊本に集まるってワクワクするモン。みんなで「くまもとサプライズ」を実践するのにまたとないチャンスだモン。今からどんなサプライズでお迎えしようか、みんなで考えてみるモン。

今日はエイプリルフール。でも、僕が書いたことはホントのことだモーン。

くまモン　２０１０年デビュー。熊本県営業部長兼しあわせ部長。熊本日日新聞、河北新報、静岡新聞、中国新聞に連載中の４コマ漫画で主役を務める。熊本県出身。

「特別寄稿」として写真付きで掲載された投稿
（2016年4月1日付『熊本日日新聞』）

チームくまモンの流儀 9

やっぱり、くまもとサプライズ

一地方の一過性の催事のキャラクターに過ぎなかったくまモンが、国内はもとより海外でもこれだけの人気者になり、グッズは飛ぶように売れ、くまモンスクエアには毎日人集《ひとだか》りができ、国内外の自治体から地方創生の成功事例と持てはやされると、関わってきたチームくまモンは舞い上がってしまいそうですが、くまモン本人は至って冷静です。

地元紙に寄稿し、「みんなが主役だモン」と県民に訴えます。

くまモンは元々、**「くまもとサプライズ」**のキャラクターとして登場し、約一八〇万県民に「くまもとサプライズ」運動を広げる旗振り役でした。

九州新幹線の全線開業に向け、県民一人ひとりがサプライズ体質になり、県外からのお客様をおもてなししよう、というのが「くまもとサプライズ」。

そのために、**私たちにとって当たり前になっていて日頃見過ごされがちな、でも県外の人から見れば驚くようなキラリと光る地域の宝を再発見すること**から始めよう、ということでした。

では、私たち県職員に、県民の皆さんに「くまもとサプライズ」は根付いたのでしょうか？

どうも、くまモン頼みになっていはしないか？　そんな疑問が頭をよぎります。

県外から、海外から、多くのゲストがくまモンをお目当てに熊本に来ることは、とても望ましいことです。しかし、せっかく来ていただいたのであれば、熊本のタクシーやホテルのサービスは素晴らしい、飲食店の熊本の食材を使った料理やお酒は最高、何より行き交う熊本の人たちは笑顔に溢れ、幸せそうな表情を見せている。そしてとってもフレンドリー。

そんな印象を持って帰っていただきたいと願います。

二〇一一年三月の「九州新幹線の全線開業」を見据えて、県外からお見えになるであろう多くのお客様のおもてなし運動として「くまもとサプライズ」が提唱されました。

それから八年、熊本地震からの復興の最中にある熊本ですが、来年二〇一九年秋には、二つの大きな国際スポーツイベントの開催という明るい話題もあります。

今度は、国内だけでなく、海外からも多くのお客様が熊本に来られます。

この二つの国際スポーツイベントを見据え、今一度「くまもとサプライズ」の原点に立ち返りましょう！　と、くまモンはお伝えしたいようです。

そして、サプライズは、どこでも誰でも実践ができ、自分や相手や周りの人さえ幸せにできる行いだとも。

エピローグ

毎年年末になると、今年がくまモンのピークだったのではないか？　来年はどうなることだろう？　世間でどれだけくまモンの成功を褒めそやされようとも、しがない地方公務員は、そう考え、怯えています。くまモンが大きくなればなるほど、どう扱ったら良いのか？　新たなサプライズはいかにすべきか？　と考え出したら夜も眠れない……。

そんなとき、水野学さんが、

「すでに十分成長したのだから、あまり高望みをしてはいけないですよ」

と一言。

そうなのですよね。そのとおりです。もう十分なのかもしれません。しかし、

「ここで満足すると必ず飽きられる」

どなたかの声が聞こえます。

もっと大きな夢を見ても良いのかもしれない！　まだ誰も見たことのない世界に一歩踏み出し、誰も見たことのない景色を見てしまったのですから。

これからも「皿を割ることを恐れずに」。

そこで、厚かましくも、まだやれていないこと、こんなことができたら、という思いを綴り、エピローグといたします。

熊本県くまモンランド化構想　2

前作『くまモンの秘密』に記載している「熊本県くまモンランド化構想」は、どうもハード面（施設）に偏っていたようで反省しています。

確かに「くまモンの執務室」や「くまモンミュージアム」は、その後「くまモンスクエア」として実現し、オリジナルグッズも購入できるようになりました。県内各地の観光地のお土産物売り場には、くまモングッズが溢れています。商店街にはくまモンののぼり、看板、ポップ等々……。「モンホール（くまモンのマンホール）」も利用許諾済みですから、ひょっとしたらどこかに設置されているかもしれません（見かけたら、ぜひお知らせください）。

二〇一八年に入り、八代市では、くまモンロードの構想が表明され、七月には、本町アーケード街にくまモングッズの専門店「くまナンステーション」がオープンしました。また、熊本市中央区桜町の再開発事業では、屋外のデッキに高さ三メートルの巨大なくまモン像を設置する構想が浮上したりと、官民を挙げて「くまモンランド化」が進んでいます。

ディズニーランドを参考に、熊本県全体を「くまモンランド」と想定していたのですが、ディズニーランドを参考にしながらも、前作ではキャラクターとゲスト（お客様）しか念頭になく、キャストの存在を忘れていました。

「世界中でもっとも素晴らしい場所を夢見て、想像することはできる。設計し、建設することもできるだろう。しかし、その夢を実現するのは人である」

これは、ウォルト・ディズニーの言葉です。

ディズニーランドは、夢と魔法の国。ゲストは、入場料を払って夢を買う。ミッキーマウス等のキャラクターはもちろん、店舗だけでなく、掃除担当のキャストも様々なパフォーマンスで、ゲストを幸せな気持ちにする。

そうです。キャストの存在を忘れておりました。

熊本県庁の診療所の入り口には……

くまモンは本来、「くまもとサプライズ」キャラクターとして登場し、一八〇万県民に「くまもとサプライズ」運動を広げる伝道師であったはず。

それは、たとえれば、熊本県民一八〇万人が、キャストになったつもりで、自分の、あるいは、自分たちの住む地域が持っている秘めたお宝を再発見し、ゲストにワクワクとドキドキを伝えること、と言っても良いのではないでしょうか？

「夢を実現するのは人」なのです。

くまモン自身は、県内外の皆さんに、サプライズとハピネスの種蒔きを続けていますが、では、県民の皆さんに「くまもとサプライズ」は根付いたのでしょうか？

県内を走るくまモンタクシーの運転手、熊倉さんは（本当に熊倉さんという方がくまモンタクシーを運転しているのにはびっくりしました）、

「この車両に乗車するときは、いつも以上に安全運転に心がけている。この車では絶対事故は起こせない」

と語ってくださいました。

少しずつくまモンの思いは届いているようです……。


「くまもとサプライズ」の精神をもっと普及し、くまモンだけでなく一八〇万県民が実践者へ！

それが、「熊本県くまモンランド化構想　2」です。

「くまもとサプライズ」の主役は、すべての県民です。これまでに、くまモンが実践する様々なサプライズに幸せと驚きを感じていたはず。これからは、くまモンと共に、県民の皆さん全員でサプライズを実践する番です！

「くまもとサプライズ」は、必ずしもくまモンを活用する必要はありません。しかし、まずは、

くまモンを活用してみた方が、取り掛かりやすいでしょう。

以前、県内の某鰻屋《うなぎや》さんから相談の電話がありました。同じ歳の友人です。

「うちの地域にも、もっとくまモンに来てほしかったいね、くまモンに来てもらえると、お客も増えるし、みんな笑顔になるとよ。協力してよ！」

「よかよ！　ばってん、いつでん生くまモン頼みじゃいかんと思うとよ。たとえば、鰻屋さんなら、うな重の重箱の赤か底に、くまモンの顔ば書いてみたらどげんね？　鰻とご飯ば食べ進めたら、底からくまモンの顔が現れる……知らんで食べとるお客さんは、たまがらして、嬉しゅうなるよね。思わず写真を撮って、フェイスブックにアップすると思うとよ。想像しただけでん楽しかと思わんね。サプライズだけん、これをお店が自分で宣伝に使ったらいかんよ。お客さんの口コミで広がるところが、奥ゆかしかつだけん。すべてのお重じゃなくて、数を限定するのもよかね。そのお重に当たった人は、ラッキーで、一日気分が良かと思うよ。外れた人は、今度こそ！　と、また来てみようて思うとじゃなかろか……」

自分の店でできるサプライズを考えて実践する。商店街のお店それぞれが何か、一つずつ考え実践する。トイレの鏡をくまモンシルエットにするだけでも良し。喫茶店ならコーヒーカップの底に、くまモンの顔を描いてみては？　彼氏が飲むコーヒーカップの底のくまモンに気づいて、目の前の彼女が笑顔になる……。お釣りを渡すトレーにくまモンが描かれ、「さんくま〜」と書いてあれば、仕事に疲れたお客様も少しは元気になって帰れるでしょう。

スイーツ屋さんならば、個性的なくまモンケーキを作って、タクシー会社とコラボして「くまモンスイーツタクシー」と銘打ち、三店舗巡回ツアーを作ってみるとか、誕生祭のときは、お客さんを巻き込んで、くまモンスイーツコンテストを開催しても面白いですね。

店員さんが、お揃いのくまモンのエプロンをして、お客様に「おはくま〜！」とか「モンジュール！」と言えればパーフェクトですが……。

接客業に携わる方々だけでなく、県民の皆さんが、モン語で挨拶を交わしましょうか？近い将来「秘密のケンミンＳＨＯＷ」で「熊本人は、誰もがくまモン語で挨拶してくる」と話題になれば楽しいことでしょう……。楽しいかな？

周囲の人にサプライズを届けたいと、常に考えていれば、アイデアは湧いてくるのではないでしょうか？　後は、それを実践する。一歩踏み出してみるだけです。

日本の伝統を継承するくまモン

日本には四季が、さらに二十四節気、もっと細かく七十二候というものがあります。もちろん中国からもたらされたものです。

国立天文台暦計算室の「こよみ用語解説」によれば「二十四節気《にじゅうしせっき》は、一年の太陽の黄道上の動きを視黄経の一五度ごとに二四等分して決められている。太陰太陽暦（旧暦）では季節を表すために用いられていた。また、閏月《うるう》を設ける基準とされており、中気《ちゅうき》のない月を閏月としていた。全体を春夏秋冬の四つの季節に分け、さらにそれぞれを六つに分けて、節気《せっき》と中気を交互に配している」と、読んでもさっぱりわからなくなるばかりですが、要は「季節を表す言葉」なのであります。

「立春」であれば「寒さも峠を越え、春の気配が感じられる」、「清明」は「すべてのものが生き生きとして、清らかに見える」、「芒種《ぼうしゅ》」は「稲などの（芒《のぎ》のある）穀物を植える」、「寒露」は「秋が深まり野草に冷たい露がむすぶ」、「大寒」は「冷気が極まって、最も寒さがつのる」等々、これらは同解説からの引用ですが、見れば他にも「雑節」として「土用」「節分」「彼岸」「八十八夜」「入梅」「半夏生」「二百十日」があると記されていますが、これらを題材に童謡か四コマ漫画、あるいはショートアニメが作れないものでしょうか。もちろんくまモンを主役あるいは狂言回しにして。

クリスマスやバレンタインデーは、ずいぶん前から定着しており、最近ではハロウィンが賑やかに行われていますが、日本には、古くから先に示した季節を表す言葉があります。また、それぞれの季節には各地で様々な伝統行事や伝統芸能が行われています。

毎年、その時期になると、幼稚園で「くまモン春の気配（立春）」とか「くまモンの種まき（芒種）」といった歌を歌って季節を知る。紙芝居でもかまいません。

子どもよりもむしろ、忙しさの中で季節感がなくなっている大人にこそ必要かもしれません。

週初めの朝、テレビやニュース配信アプリのくまモンショートアニメで季節を知るのも良いかもしれません。毎年毎年繰り返す中で、日本の伝統文化を再認識する。これって「くまもとサプライズ」ですよね。

二〇一六年十一月三十日、中国の「二十四節気（太陽の年周運動の観察によって発達した中国の時間と慣習）」がユネスコ無形文化遺産への登録勧告が決定したそうです。くまモンは、このような活動をとおして、日本の重要無形文化財保持者（人間国宝）を目指します!?

「くまモン星」　星に名前を！

海外にフロンティアを広げるくまモン。

もし、南極大陸にまで行っちゃったら、その後はどうするの？　と、まだ、南極ばかりか、南米もアフリカも行ったことがないにもかかわらず、気持ちは先走ります。

宇宙に飛び出したキャラクターは、いるのだろうか？

残念ながら先達は、おられました。

一九六九年五月、初の月面着陸となるアポロ一一号のリハーサルとして月面一五・六キロメートルまで近づいたのが、アポロ一〇号の着陸船「スヌーピー」。司令船は「チャーリー・ブラウン」。いずれも識別番号として使用されています。

ＪＡＸＡのロケットのボディに、とも思っているうちに「宇宙兄弟」に持っていかれました。気象衛星「くまモン」？　天気予報が外れると、くまモンが非難されそうです……。

ならば、星に名前を！

かつての天文少年は、いつか星に自分の名前をつけたいと夢見ていたのですが、大人になるにつれ現《うつつ》の世の人となり、今はくまモンに現を抜かしているのですが、それでも新たに彗星を発見すれば自分の名前がつけられることくらいは覚えています。そこで「くまモン星」ならば、心ある天文ファンが命名権を譲ってくださるかもしれません。まずは本丸、国立天文台へ……。いかにも安直な考えではありましたが、くまモンが縁となり知り合った、現・青山学院大学（当時・亜細亜大学）の川又啓子教授にご縁をいただき、渡部潤一副台長をお訪ねすることができました。

予め国立天文台のホームページでチェックすると、「新しい天体を発見すると、天体の種類によっては、それ（命名）が可能になることがあります。まず、彗星が新しく発見された場合ですが、自動的に発見者の名前がつけられます。何人かがそれぞれ独立に（お互いの発見情報を知らずに）発見した場合には、発見した順番の早い順に三人までの名前がつきます。例えば、一九九七年に地球に接近したヘール・ボップ彗星の場合には、最初にアメリカ人のアラン・ヘールさんが、続いて同じくアメリカ人のトーマス・ボップさんが同じ彗星を独立発見したので、それぞれの名前が順番についたわけです。

新発見の小惑星の場合には、新しく発見されてから軌道何周分かの観測がされ、軌道がはっきりすると、まず番号がつけられます。そして同時に、発見者に対して、その小惑星に名前を提案する権利が与えられます。名前は、「一六文字以内であること」や「発音可能であること」「主に軍事活動や政治活動で知られている人や事件の名前をつける場合には、本人が亡くなったり事件が起こってから百年が経過していること」など、いくつかの制約はありますが、その範囲内で好きな名前をつけることができます」（以上、国立天文台のホームページ、質問10－4　自分で星に名前をつけることはできるの？　から転載）とあります。

どうやら彗星では難しそうですが、小惑星なら可能性がありそうです。

渡部さんによれば、日本にはアマチュア天文家で小惑星を専門に見つけている「ハンター」が四、五人おられ、それぞれ、ご自身が発見され、命名されていない小惑星を一〇〇個前後持っておられるとか。もちろん小惑星は個人の所有物ではなく、命名権を持っているということです。それを譲ってもらい、命名すれば良いらしいのですが、国際天文学連合への申請は一度だけ。もし、採用されなければ二度と機会はないそうです。

少し前に話題になったのは「王貞治」。テレビのヒーロー「仮面ライダー」という小惑星も実在するそうです。

「小惑星くまモン」……夢があっていいでしょう？

これをお読みいただいた方の中に、小惑星をお持ちの方がおられたら、ぜひ、「くまモン」と命名し、被災地熊本の皆さんを励ましてくださいませ。

くまモンフォント

ここでは、「書体」と「フォント」の違いにまでは言及せず、「フォント」で通しますが、パソコンでは、様々なフォントが使われていますよね。

そのデザインは、それぞれ名前がついており、受けるイメージも異なります。たとえば、明朝体とゴシック体では、私には、前者の方が優しく感じられ、後者は力強く感じられます。

くまモン、**くまモン**、くまモン、**くまモン**……、それぞれ受けるイメージが異なります。

ならば、くまモンらしい、オリジナルフォントがあると楽しいかなあ、と思うのです。

「ハッピーバースデーむ〜ぎゅ〜からの—カプッ☆」も、オリジナルフォントだとありがたみが違うのではないでしょうか？

そんなことを考えていたら、某番組で取り上げていたのが「書体デザイナー・藤田重信」。この分野にも、プロフェッショナルがいらっしゃるのですね。

サプライズとハピネスの種蒔きをする、やんちゃな男の子に似合うフォント。使用範囲も限られますかねぇ。

イラストもいっぱいの『くまモン! これ英語でなんていうと? 英和・和英じてん』

辞書に名前を残したい!

辞書に名前を残したい! と結構大それたことを書きながら、名前こそ残していませんが、辞書そのものが発売されているのですから、大したものなのです。

学研プラスから『くまモン! これ英語でなんていうと? 英和・和英じてん』が発売されたのは、二〇一五年九月のことです。

まるごと一冊くまモン。くまモンのイラスト三〇〇点以上、見開きにはほぼくまモン。英和は、高校受験対応の六〇〇〇項目、和英は、約九〇〇〇項目を収録という小学生から中学生まで使える本格的な辞典です。ミニ会話の日本語は、

「夕食はなんね?」

「フライドチキンばい」

と、熊本弁丸出し! のインパクトある辞書ではあります。

しかし、欲を言えば、「くまもん【くまモン】熊本県のキャラクターの名。……」と辞書の項

目として取り上げられたい。加えて「――だから【くまモンだから】」。

国内であれば、やはり『広辞苑』や『大辞林』に。さらに、『メリアム・ウェブスター英英辞典』か『オックスフォード英語辞書』に名を残すことができれば最高です。

呆れている皆さんの顔が思い浮かびますが、くまモンの辞書に不可能の文字はないのですよ。

＊　＊　＊

ここまで、第三者から見れば、「何をまた突拍子もないことを言っているのか！」と、呆れてしまうような様々なことを書いてきました。

そして、ここでもまた、「辞書に名前を残したい！」と大風呂敷を広げてみました。

が、しかし、それでもさすがに「偉人伝に名を連ねる」ことなど思いつきもしませんでした。

二〇一八年七月、小学館の学習まんが「偉人伝シリーズ」の第六一作目にくまモンが取り上げられました。ヘレン・ケラーや織田信長など歴史上の人物に名を連ねたのです。

なるほど、この手があったか！　感心することしきりです。しかも、ゆるキャラを含むすべてのキャラクターだけでなく「人」以外初めて！　それって果たして「偉『人』伝」か？……いらぬツッコミでした。

参りました。くまモンのフロンティアは、まだまだ広がり続けます。

あとがき

前作から五年。できれば昨年のうちに、と思っていたのですが、熊本地震により、すべてが止まってしまいました。

五年間、様々なエピソードがあり、ここにご報告できたのは、ほんの一部に過ぎません。

最初にお伝えしたとおり、本書は五年間のくまモンの記録ではありません。くまモンを預かる「チームくまモン」の基本理念と行動規範、それに基づき、具体的に何を考え、どう行動してきたのかをいくつかのエピソードとして記載しています。

組織はめまぐるしく人が入れ替わります。前例踏襲であれば、昨年の資料を見て、なぞりながら仕事をすれば事足ります。しかし、「チームくまモン」はそれでは守りに入りかねません。

「守ろう、守ろうとすると後ろ向きになる。守りたければ攻めなければいけない」

将棋界初の永世七冠、羽生善治棋士の言葉です。

攻めながらも、自分のスタイルは持っていないと、ぶれてしまいます。悩んだとき原点に立ち返る必要も出てきます。そうしながらも進化し続けなければなりません。大変です。

くまモンの誕生から現在まで、完全とは言えないながらも、そのほとんどに寄り添ってきた身として、引き継ぎ書代わりに本書を上呈します。

追伸

「しがない地方公務員」を多用していますが、それは筆者自身であり、実際には、多くの優秀な先輩、後輩の熊本県庁職員が、素晴らしいくまモン隊の皆さんが、さらには、くまモンを愛する多くの企業・団体・個人の皆様の助けを借りながら、ここまで歩みを進めてきました。小山薫堂さんや水野学さんについては、あらためて述べるまでもありません。本当に誇るべきチームです。

今や「チームくまモン」は、くまモンを預かる、くまモングループ（くまもとブランド推進課は、二〇一七年の組織改編に伴い、くまモンの所管だけが独立しました）だけでなく、出先機関を含む多くのセクションの職員、関わっていただいている多くの外部の企業やスタッフ、そしてファンの皆様で成り立つ、バーチャルな組織になりました。

熊本地震から二年。復興に向け力強く歩みを進める熊本県ですが、まだまだ時間はかかります。本書では紹介しきれていませんし、お礼も十分にできていませんが、くまモンが、そして被災地熊本が、本当に多くの皆様に支えられながら今日があること、あらためて心より感謝申し上げます。これからも、くまモンと熊本県をご支援いただきますよう、よろしくお願いいたします。

小山薫堂　様
水野　学　様

熊本の、この危機に、くまモンがいてくれて本当に良かった。
どれほど言葉を紡いでも、感謝しきれません。
なので、私の「くまモン　あのね」に気持ちを込めてみます。

くまモン　あのね　今日わたし（ぼくね）　悲しいことがあったんだ
落ち込んじゃって　涙あふれて　何も考えられないよ
でもね　くまモン　君が心に現れて、ふっと楽になったんだ
涙じゃ前に進めんモンって、ムギュって抱いてくれたんだ
だから、くまモン　もう少しだけ泣かせてよ
そうしたら　明日は笑顔になれるから　きっと笑顔になれるから
幸せに悲しみは似合わない　みんな幸せになれるから　みんな笑顔になれるから

くまモン　あのね　今日わたし（ぼくね）　怖いことがあったんだ
怯え震えて、真っ白で　何も考えられないよ

でもね、くまモン　君が心に現れて、ふっと楽になったんだ
怯えじゃ前に進めんモンって、ムギュって抱いてくれたんだ
だから、くまモン　もう少しだけ震えてるよ
そうしたら　明日は強くなれるから　きっと強くなれるから
幸せに怖がりは似合わない　みんな幸せになれるから　みんな強くなれるから

くまモン　あのね　今日わたし（ぼくね）悔しいことがあったんだ
腹だたしくて、熱くなって　何も考えられないよ
でもね　くまモン　君が心に現れて、ふっと楽になったんだ
怒りじゃ前に進めんモンって、ムギュって抱いてくれたんだ
だから、くまモン　もう少しだけ憎ませて
そうしたら　明日は優しくなれるから　きっと優しくなれるから
幸せに憎しみは似合わない　みんな幸せになれるから　みんな笑顔になれるから

くまモン　あのね　今日わたし（ぼくね）楽しいことがあったんだ
ルンルン気分で　心ときめき　とってもハッピーさ
すると　くまモン　君が心に現れて、もっと楽しくなったんだ

ぼくにも分けてほしかモンって、ムギュって抱いてくれたんだ
だから、くまモン　もう少しだけかみしめて
そうしたら　明日は分かち合えるから　みんなで分かち合えるから
幸せの独り占めは似合わない　みんな幸せになれるから　みんな笑顔になれるから

チームくまモン

成尾雅貴

チームくまモン

スタートは、九州新幹線全線開業に向け県内外で「くまもとサプライズキャラクターくまモン」を主役に熊本のPRを展開した、県庁内の複数の課にまたがる部隊。その後、くまモンを専門で担当することになったくまもとブランド推進課は、雑誌『日経ビジネス』(平成24年10月22日号)で「奇跡を起こす すごい組織100」に選ばれた。
現在の「チームくまモン」は、知事公室くまモングループほか、県庁・出先機関の各セクション、外部の協力企業・スタッフ、ならびにファンの皆様で成り立つバーチャル組織。著書に『くまモンの秘密 —— 地方公務員集団が起こしたサプライズ』(幻冬舎新書)がある。

くまモンの成功法則
愛され、稼ぎ続ける秘密

2018年8月19日　第1刷発行

著　者　チームくまモン
発行者　見城 徹
発行所　株式会社 幻冬舎
〒151-0051 東京都渋谷区千駄ヶ谷4-9-7
電話　03(5411)6211(編集)
03(5411)6222(営業)
振替　00120-8-767643
印刷・製本所　錦明印刷株式会社

ISBN978-4-344-03341-2　C0095
幻冬舎ホームページアドレス　http://www.gentosha.co.jp/

この本に関するご意見・ご感想をメールでお寄せいただく場合は、
comment@gentosha.co.jpまで。

ゆるキャラから売るキャラへ。
決め手は「物語」「メディア戦略」「楽市楽座」。
全国が注目する
くまモンプロジェクトの全貌!

企画・PR・地域振興にたずさわる人、
必読!

くまモンの秘密

―― 地方公務員集団が起こしたサプライズ ――

熊本県庁チームくまモン 著

新書判　定価(本体820円+税)